रहबरी सितारों की

रहबरी सितारों की

रवीन्द्र रफ़ीक़

वाणी
प्रकाशन

प्रकाशन के उत्कृष्टतम 63 वर्ष

vaniprakashan.com

पेपरबैक पहला संस्करण : 2026

वाणी प्रकाशन

4695, 21-ए, दरियागंज, नयी दिल्ली-110 002

फ़ोन : + 91 11 23273167, 23275710

शाखाएँ

अशोक राजपथ, पटना-800 004, बिहार

कॉफ़ी हाउस कैम्पस, महात्मा गांधी मार्ग, प्रयागराज-211 001, उत्तर प्रदेश

महात्मा गांधी अन्तरराष्ट्रीय हिन्दी विश्वविद्यालय, वर्धा-442 001, महाराष्ट्र

sales@vaniprakashan.in

vaniprakashan@gmail.com

Rahbari Sitaron Ki

by Ravindra Rafiq

ISBN : 978-93-7348-100-5

Ghazal Collection

मूल्य : ₹ 325

जी.एस. ऑफ़सेट, दिल्ली-110 095 में मुद्रित

वाणी प्रकाशन का लोगो मक़बूल फ़िदा हुसैन की कूची से

तुझसे इल्हान हो रहा है
मेरा बस नाम हो रहा है
–'भारती' को समर्पित

।। आशीर्वचन ।।

ज़हीन-ओ-जमील, एक शालीन शायर, कर्नल रवीन्द्र रफ़ीक़ ब-ज़ात-ए-ख़ुद एक प्रभावशाली व्यक्तित्व हैं। उनकी शायरी पढ़ते वक़्त मैंने महसूस किया कि वे अल्फ़ाज़ की अहमियत को गहराई से समझते हैं, इसलिए उनके अशआर में लफ़्ज़ का इस्तेमाल मानी के नाज़ में आकर्षक विस्तार करता है। उनका ये सलीक़ा आपका ध्यान बरबस अपनी ओर खींचेगा।

-अशोक चक्रधर

Ashok Chakradhar
J-116, SaritaVihar, New Delhi 110076
011-26941616, 011-41401636
Fax-011-40580108
+919811013621
ashok@chakradhar.com
www.chakradhar.in

पेश लफ़्ज़

रवीन्द्र रफ़ीक़ से मेरी अव्वलीन शनासाई मआरूफ शायर रंजन निगम की वसातत से हुई। एक शैरी नशिस्त के लिए जब मैंने रंजन निगम से गुफ्तगू की तो उन्होंने निहायत एतमाद से फरमाया : "कर्नल रवीन्द्र रफ़ीक़ को भी मदऊ कर लीजिए, सलीका–ए–सुख़न रखने वाले निहायत क़ाबिल–ए–क़दर शायर हैं।" यह महज़ तआरुफ न था, एक नये अदबी ओ शैरी रिश्ते की बुनियाद थी। नशिस्त में कर्नल साहब के अशआर सुनने का मौक़ा मिला, उन्हों ने अपनी ग़ज़लें पेश कीं, और सुख़न की वह ख़ुशगवार फज़ा क़ायम हुई जो अहल–ए–शऊर के दिलों को एक नादिदा धागे में पिरो देती है। गुफ़्तगू के दौरान इन्किशाफ़ हुआ कि हम तो एक–दूसरे के पड़ोसी हैं। वापसी के सफ़र में कर्नल साहब की कार महज़ सवारी न थी, एक चलती हुई अदबी महफिल थी जहाँ शेर सफ़र को भी इबादत बना देता है। उसी सफ़र में उन्होंने अपना पहला मजमूआ–ए–क़लाम 'मेरी नजर में मेरा चाँद' मोहब्बत से इनायत फरमाया, जिसे वानी प्रकाश ने निहायत एहतमाम से ज़ेवर–ए–तबाअत से आरास्ता किया है।

शायरी एक ऐसा जमालियाती जौहर है जो महज़ इक्तेसाब से हासिल नहीं होता। उलूम–ओ–फ़ुनून के बेशुमार दर वा हैं जहाँ मुतालिआ और मश्क इन्सान को माहिर बना देते हैं, मगर शायरी, मुसव्वरी और मौसीक़ी वो मक़ामात हैं जहाँ रसाई सिर्फ़ उसी को मिलती है जिसके दिल में फ़ितरत ए इलाही ने आग जलाई हो। यूँ भी कहा गया है।

खुदा की दैन है जिसको नसीब हो जाए
हर एक दिल को गम-ए-जाविदाँ नहीं मिलता

उर्दू ग़ज़ल ने जमाना-ए-जदीद में जो वुसअत पाई है, वह अपनी मिसाल आप है। दरबारों से निकल कर यह आम लोगों के दिलों तक पहुँची, और अब देवनागरी व रोमन रस्म-उल-ख़त में भी उसी लताफत के साथ जलवा-गर है। ग़ालिब, मीर, फ़ैज़, साहिर, फ़राज, बशीर बद्र, जोश, मुनव्वर राना और राहत इंदौरी-सभी के कलाम को इस वुसअत-ए-लिसानी ने एक नई ज़िन्दगी अता की है।

कर्नल रवीन्द्र रफ़ीक़ की अव्वलीन मोहब्बत ग़ज़ल है। सरहदी महाजों पर दुश्मनों के दाँत खट्टे करने वाले ये मर्द-ए-मुजाहिद अपनी अहलिया को तो चंद रोज के लिए छोड़ सकते हैं, मगर ग़ज़ल की रफाक़त तर्क नहीं कर सकते। यह रफाक़त उनका मुतालिआ भी है, उनकी इबादत भी और उनका ओढ़ना-बिछोना भी। इन्हीं जाँ-गुदाज़ मश्कों का नतीजा उनका दूसरा मजमूआ 'रहबरी सितारों की' है, जो क़ारी के हाथों में अपनी रोशनी बिखेरने को बेताब है।

ग़ज़ल से उनका रिश्ता महज़ शौक़ का नहीं, फ़हम-ओ-फ़न का है। बहर के समन्दर में जिस यकसूई से उन्होंने गोताजन होना सीखा, वह कम ही को नसीब होता है। विर्सा-ए-सुख़न उन्हें अपने वालिद-ए-मुहतरम से मिला, जिनका शुमार अहल-ए-जबान और अहल-ए-क़लम में होता है। यह विर्सा आज कर्नल रवीन्द्र रफ़ीक़ के लहजे में एक नई ताज़गी और वक़ार के साथ जलवा-गर है। कहा जा सकता है कि यह अब उस मक़ाम पर हैं जहाँ अगर खुद भी ग़ज़ल से मुँह मोड़ना चाहें तो ग़ज़ल उनका दामन छोड़ने पर आमादा न होगी।

नई ग़ज़ल के बाब में बशीर बद्र का हवाला नाज़िर है, जिन्होंने सादगी-ए-बयान और सदाक़त-ए-अहसास के साथ इसे एक नई जहत अता की। उनका शेर याद आता है :

इतनी मिलती है मेरी ग़ज़लों से सूरत तेरी
लोग तुझ को मेरा महबूब समझते होंगे

कर्नल रवीन्द्र रफ़ीक़ की ग़ज़ल भी उसी रिवायत की मो'तबर कड़ी है-सच्ची, खरीई, बेतकल्लुफ, और ज़िन्दगी के दुख-सुख की गहरी तस्वीरों से रोशन। उनकी शायरी में आज का इंसान अपनी उम्मीदें, अपनी महरूमियाँ, अपनी मुस्कराहटें और अपने जख़्म सब कुछ पहचान लेता है।

कर्नल रवीन्द्र रफ़ीक़ के यही गुण-सादगी, सच्चाई, दर्द की गहराई और एहसास की रवानी उनके हर शेर में उजागर होते हैं। उनकी ग़ज़ल दिल को वहीं छूती है जहाँ कोई बनावटी लफ़्ज़ नहीं पहुँच पाते। यही वजह है कि उनके कुछ अशआर तो मानो उनकी शख़्सियत का आइना हैं-सरल मगर असरअंदाज़, नरम लेकिन वजूद की ठोस हक़ीक़तों से भरपूर। उदाहरण के तौर पर इन अशआर में उनकी फिक्र, उनका जज्बा और उनकी शायराना सादगी दोनों एक साथ जलवागर हैं :

जिन दरख़्तों पे परिंदे हों बहुत
उन दरख़्तों पे घरौंदा न बना

एक मामूली-सी सलाह नहीं, ज़िन्दगी के तजर्बों से छनकर आई हिकमत-जहाँ रफ़ीक़ साहब अपने क़ारी को ठहरकर सोचने पर मजबूर करते हैं।

जंजीर गुलामी की अब तोड़ दो तुम वर्ना
तारीख़ भी पूछेगी ये कैसी जवानी है

इस शेर में जज्बा-ए-हुर्रियत और इंसानी वक़ार की पुकार है जो उनकी ग़ज़ल को सिर्फ़ जज्बाती ही नहीं, सामाजिक तहज़ीब का हिस्सा भी बनाती है।

मौत तो इक दिन आनी है
जीते जी क्यों मरना था

ये अशआर उनके फ़लसफ़ियाना तेवर की दलील हैं सरल, सीधे और असरदार।

न मंदिर है न मस्जिद है भरा सिर्फ़ मयख़ाना
ग़ज़ल हो तब मुकम्मल जब ज़रा इल्हाम हो साक़ी

यह तश्बीही रंग, यह बिम्बों की सरगर्मी–कर्नल साहब के कलाम को एक ख़ास पहचान देते हैं।

अदालत फ़ैसले क़ानून हैं सब जेब में उस की
मिरा दुश्मन हरायेगा मुझे झूठे गवाहों से

यहाँ रफ़ीक़ साहब ज़िन्दगी की तल्ख़ हक़ीक़त को बगैर लाग–लपेट बयान कर जाते हैं उनकी ग़ज़ल की उसी ख़ास सच्चाई के साथ जिसकी मिसाल कम मिलती है।

इन तमाम शेरों में आपको वह अहसास की सच्चाई, जज्बे की पाकीज़गी, और बयानी सलीक़ा साफ़ दिखाई देगा जो कर्नल रवीन्द्र रफ़ीक़ को नई ग़ज़ल की रवायत में एक ख़ास और मोतबर मुकाम देता है। इसी उम्मीद के साथ कि 'रहबरी सितारों की' क़ारी के दिलों में वही उजाला बिखेरेगी जो इसकी ग़ज़लों ने अपने शायर के दिल में रोशन कर रखा है–मैं इस मजमूए को मोहब्बत, क़दरदानी और दुआओं के साथ क़ारी के हवाले करता हूँ।

मैं चाहूँ तो उनके मुताअदद और दिलनशीं अशआर यहाँ नक़्ल कर दूँ, मगर मेरा हुस्न–ए–इंतिख़ाब क़ारी की लज्जत में हाइल न हो। बेहतर यही है कि आप उनके ताजा मजमूए 'रहबरी सितारों की' का लुत्फ खुद उठाएँ, इसे अपने पास रखें, दोस्तों को पढ़ाएँ, और महसूस करें कि एक सच्चे शायर का तजुर्बा और मुशाहिदा किस तरह लफ़्ज़ों में अब्दी ख़ुशबू बन कर ठहरता है।

–अहमद अलवी
नयी दिल्ली

मेरी कलम से

शायरी मेरे लिए महज़ एक शौक नहीं थी बल्कि 'बाजी' (पिता श्री कोष राज चसवाल) की ओर से मिली विरासत थी। पढ़ने और अपने नुक्ता-ए-नज़र से दुनिया को देखने का हुनर भी 'बाजी' की ही कोशिशों की वजह से मुमकिन हो पाया था। सो हम शायरी और शायरी के साथ-साथ तमाम तरह की दूसरी किताबें पढ़ते रहे। ज़िन्दगी के लगभग तीस-पैंतीस साल भारतीय सेना की सरपरस्ती में बीते। इस दौरान कभी इतना वक़्त मिला ही नहीं कि तसल्ली से सोचकर-बैठकर कुछ लिख सकूँ। ऐसा नहीं कि ख़्याल ही नहीं आते थे। ख़्याल आते थे और दर्ज़ न कर पाने की सूरत में पानी के बुलबुले की तरह ख़त्म भी हो जाते थे। हाँ, इस दौरान एक अच्छी बात हुई कि लखनऊ के अपने कार्यकाल में, मैंने बाक़ायदा मौलवी साहब से तालीम पाकर उर्दू सीखी और उर्दू शायरी को गहराई से पढ़ने-समझने की कोशिश में जुट गया। इससे मेरे दिलो-दिमाग़ के दरवाज़े खुले और नयी हवा और रोशनी आने लगी।

अब जब दिल में ख़याल उमड़ते तो मैं उन्हें काग़ज़ पर दर्ज़ करना सीख गया था। चार-दो ग़ज़लें लिखी लेकिन मसरूफियत इतनी ज़्यादा थी कि गाड़ी बहुत रूक-रूककर धीमी रफ़्तार से चलती थी। लेकिन इल्म-ए-उरूज में हुई इजाफत ने सोच के सौ दरवाज़े खोल दिये। माँ सरस्वती की कृपा से एक-एक ग़ज़ल पूरी होने लगी। इसी दौरान कर्नल बनकर सेवा से निवृत्त हुआ। अब लेखन ने गति पकड़ी और देखते ही देखते, पहला ग़ज़ल संग्रह-मेरी नज़र में मेरा चाँद बनकर तैयार हो गया। वाणी प्रकाशन जैसी देश और दुनिया की अत्यन्त प्रतिष्ठित

प्रकाशन–संस्था ने मेरा पहला शेरी मजमुआ 'मेरी नज़र से मेरा चाँद' प्रकाशित किया और 2025 के अन्तर्राष्ट्रीय पुस्तक मेले में उसका रस्म–ए–इज़रा भी हुआ।

अपने लिखे को छपे लफ़्ज के रूप में देखकर मुझे बे–बयाँ मसर्रत हुई। ज़िन्दगी के इस पड़ाव पर भी मेरी हालत किसी ऐसे बच्चे की तरह हो गयी जिसे नया खिलौना तोहफे में मिल गया हो। जब मैं इस मजमुए को पढ़ नहीं रहा होता, तब भी ये मेरे सिरहाने या बगल ही में होता। मैं अपने जिस शेरी मजमुए को अपनी चीज़ समझ रहा था, इस बात से अनजान था कि अब यह दुनिया की बन गयी है। जब मुझे पाठकों के ई मेल, फोन, वॉट्सअप मेसेज आते और वे 'मेरी नज़र में मेरा चाँद' की चर्चा करते तो मैं हैरान रह जाता। मुझे अपनी ही गज़लों के नये मानी मिलने लगे थे। अधिकतर प्रतिक्रियाएँ सकारात्मक थीं जिसकी वजह से मुझे ख़ुश हो जाना चाहिए था। (वैसे मैं ख़ुश था भी...कई वजहों से ख़ुश था।) आज के दौर में हर दूसरे दिन मचता शोर कि लोग पढ़ते ही नहीं, मुझे बेबुनियाद नज़र आने लगा। जब मेरे जैसे नये शायर को इतना पढ़ा जा रहा हो तो स्थापित शायरों की बात ही क्या कहने। ख़ुश इसलिए भी हुआ कि मेरी दूध मुँही कोशिश को दिली तौर से सराहा गया। लेकिन ख़ुशी के साथ–साथ एक भारी दबाव दिल पर छाने लगा कि कहीं मैं आगे पाठकों की उम्मीद पर ख़रा न उतर पाया तो? हालाँकि मैं यह मान चुका था कि मेरे दिल में जितना भी कुछ था, मैं अपनी किताब में दे चुका। अब मेरे पास पाठकों को देने के लिए जल्दी नये ख़्याल नहीं होंगे। लेकिन फिर से मुझे हैरानी हुई कि अपने दिल में भरे जज़्बात को पूरी तरह से उडेल चुकने के बाद दोगुनी रफ़्तार से नये ख़्याल उभरने लगे थे और बेहद तेज़ी से काग़ज़ पर उतरते भी जा रहे थे।

एक और बात दर्ज़ करना चाहूँगा। दरअसल फ़ौज की दुनिया का दायरा बहुत छोटा होता है। सिर पर हरदम मँडराती मौत आपको फक्कड़पन के साथ जीना सिखाती है। इसी मस्ती में जीते हुए आप ज़िन्दगी और दुनिया के कड़वे अनुभवों को नज़रअन्दाज करके जीने के आदी हो जाते हैं। लाज़मी था कि मेरा स्वभाव भी ऐसा ही था।

फ़ौज से रिटायर होने के बाद मैंने देखा कि मेरी दुनिया अचानक बहुत बड़ी हो गयी है और यह दुनिया, वह दुनिया नहीं है जिसे छोड़कर मैं फ़ौज में दाखिल हुआ था। इस दुनिया में मैं तो बेवकूफों की तरह उन्हीं पुराने मासूमियत से भरे एहसासों के साथ दाखिल हुआ तो लगा कि जैसे वक़्त से पहले औलाद जवाँ हो गयी और मैं उसे मासूम जानकर अपने झोले में उसके लिए टाफी-चॉकलेट ले आया हूँ।

अब यह दुनिया, उसके बदले रंगढंग, बेतरह छायी असंवेदनशीलता, अपने लोगों और रिश्तों में गहरी पैठ चुकी दूरियाँ, समाज की असलियत, स्वार्थ, ढकोसलेबाजी आदि कई-कई सच्चाइयों के नाग मुझे डसते रहे। मैं घायल होता रहा। मुहब्बत मेरी शायरी की जान और जवानी रही है (और हमेशा रहेगी क्योंकि मेरा मानना है, सिर्फ़ मुहब्बत ही इस दुनिया की मासूमियत को बचा सकती है) लेकिन दुनिया के नये तजुर्बात भी इन दिनों मेरी शायरी में शामिल हुए जो मेरे पहले शेरी मजमुए में नहीं थे। यही वजह है कि मुहब्बत के साथ-साथ कुछ तल्ख़ तजरुबे भी मेरे इस नये शेरी मजमुए में मिलेंगे।

मैं बेहद खुशनसीब हूँ कि इसी दौरान कई महान लोगों की छत्रछाया पा सका। एक समय था जब मेरे कहने-लिखने का अदबी दुनिया में इस नज़र से देखा जाता था कि 'अमाँ, सेना के कर्नल साहब ग़ज़ल-लेखन का शौक फरमा लेते हैं तो फरमाने दीजिए' लेकिन अब यही अदबी लोग मेरी कलम की तरफ संजीदगी से देखने लगे, मेरी बेहतरी के लिए मार्गदर्शन करने लगे और मेरी गज़लें ज़्यादा से ज़्यादा निखरने लगीं। रफ़्ता रफ़्ता मेरी शिरकत मुशायरों में होने लगी।

मुझे कतई उम्मीद नहीं थी लेकिन मेरा दूसरा शेरी मजमुआ अपने आप को गढ़ने में मगन हो चुका था। अब मुझे ये एहसास भी था कि नया शायर समझकर जिन गलतियों को 'मेरी नज़र में मेरा चाँद' में बख्श दिया गया है, अब दूसरे शेरी मजमुए के साथ यह दरियादिली नहीं बरती जायेगी। इसी एहसास के चलते मेरी कोशिश वही कि मेरी ग़ज़लें और नज़्में पहले से बेहतर और पुख़्ता हों।

मुझे इस बात की भी तस्कीन है कि जो लोग मेरी पहली किताब के सफ़र में मेरे साथ जुड़े थे, वो मेरे साथ अब भी हैं। इसके अलावा कुछ और लोग मेरी ज़िन्दगी में आये और मेरी शायरी के रास्तों को आसान बनाते गये। इसमें पहला नाम कर्नल अनूप रावत और उनकी धर्म पत्नी ऋतु जी का है। ये दोनों एक परिवार की तरह मेरी हर मुश्किल में मेरे साथ अडिग रहे। एक और शख़्स जिसके साथ मुझे जुड़ने की खुशनसीबी मिली वो है रंजन निगम। उर्दू और हिन्दी पर आला पकड़ के साथ-साथ वो निहायत अच्छे शायर हैं और मुशायरों की दुनिया के हरफन मौला 'हीरो' हैं। उन्होंने न जाने कितनी बार मेरी ग़ज़लों की तरमीम की जिसकी वजह से मेरे कई अशआर पहले से कहीं बेहतर हो पाये। उनके पास एक 'नुक्ता-ए-नज़र' है जो तमाम दुनिया से अलग है। इस सब के अलावा वो बेहद प्यारे दोस्त हैं। मेरी ये किताब इनके ज़िक्र के बगैर अधूरी है। मुझे बेहद 'वरिष्ठ', लाजवाब गीतकार और आलोचक श्री ओम निश्चल का स्नेह प्राप्त करने का सौभाग्य मिला। मेरे पहले मजमुए 'मेरी नज़र में मेरा चाँद' के 'रस्म-ए-इज़रा' में उन्होंने अपनी असरदार आवाज़ में एक ग़ज़ल तरन्नुम में गायी तो सारा माहौल ही नशीला हो गया। उनसे जब भी बात होती है तो अदब की दुनिया के कुछ नये पहलू की परत खुलती है। उनका तजरुबा एक मशाल की तरह मुझे रास्ता दिखाता है। श्री रंजन निगम की मार्फ़त ही मेरी मुलाकात हुई जनाब शाहिद अनवर और जनाब जावेद मुशीरी से, और पहली ही मुलाकात से मैं दोनों से बेहद मुत्तासिर हुआ। दोनों ही लाजवाब शायर हैं। दोनों की ज़बान उर्दू और हिन्दी की अनूठी 'कॉकटेल' है। उनसे भी बहुत कुछ सीखने का मौका मिला और उम्मीद है आगे भी मिलता रहेगा।

जनाब रंजन निगम की मार्फ़त मेरी मुलाकात दो बेहद गहरी शख़्सियत वाले लोगों से हुई। पहला नाम जनाब अहमद अलवी साहब। मज़ाहिया शायरी के गिने चुने फनकारों में से एक हैं और शायरी और ज़बान के आला खिलाड़ी भी हैं। सोचता हूँ कि अगर अलवी साहब जैसे लोग ज़िन्दगी में पहले आये होते तो मैं आज और बेहतर शायरी कर सकता। अलवी साहब से गुफ़तगू तो अपने आप में इल्म की वो

मुसाफ़त है जिसका हर लम्हा कुछ नया सिखाता है। मैं अलवी साहब का बेहद शुक्रगुज़ार हूँ कि अपनी मसरूफ़ियत के बावजूद उन्होंने मेरे इस मजमुए के लिए 'पेश-लफ्ज़' लिखा जो दरअसल मेरा अक्स ही नहीं हू-ब-हू 'मैं' हूँ। बेहद शुक्रिया अलवी साहब।

दूसरी अज़ीम शख़्सियत का नाम तो ख़ास-ओ-आम में पिछले 35 बरस से मशहूर है। वो नाम है पदमश्री अशोक चक्रधर साहब। भारत में ही नहीं पूरी दूनिया में जहाँ हिन्दी भाषी हैं वहाँ इनका नाम बेहद प्रेम और इज़्जत से लिया जाता है। जब मैं स्कूल में पढ़ता था तब से मुझे याद है कि कोई कवि-सम्मेलन इनके बग़ैर पूरा नहीं हो सकता था। इनकी मशहूर कृतियाँ-डेमोक्रेसी, पोल खोलक यन्त्र और जंगल में चुनाव सब के दिल-ओ-दिमाग़ में दर्ज हैं। इतनी बड़ी शख़्सियत वाले जनाब अशोक चक्रधर साहब की नज़र मेरी ग़ज़लों पे पड़ी और उन्होंने आर्शीवाद की शक्ल में जो ल़फ्ज़ लिखे मैं उसके लिए उनका एहसानमन्द हूँ।

ये मेरी खुश नसीबी है कि मेरे पहले मजमुए 'मेरी नज़र में मेरा चाँद' के लिए मशहूर शायर तश्ना आज़मी साहब और आला गीतकार 'पंछी जालौनवी' साहब ने लिखा और मेरा हौसला बढ़ाया। और मेरे दूसरे मजमुए के लिए मज़ाहिया शायरी के अज़ीम फंकार जनाब अहमद अलवी और हर दिल अज़ीज़ पदमश्री अशोक चक्रधर साहब ने लिख कर सिर्फ़ हौसला नहीं बढ़ाया बल्कि आगे का रास्ता भी रौशन किया है। और सबसे अहम बात कि मुझे ये बताया है कि मेरी असल पहचान क्या है। बेहद शुक्रिया इन सभी का।

मैं वाणी प्रकाशन और श्री अरुण माहेश्वरी जी का बहुत आभारी हूँ कि मुझे एक बार फिर प्रकाशित करने का निर्णय लिया। मुझे यकीन है कि इससे तमाम नये शायरों के हौसले बुलन्द होंगे।

आखिरश, किताब आपके हाथ में है, उम्मीद है आपको पसन्द आयेगी। कैसी लगी बेहिचक बता बताइएगा। मुझे इन्तिज़ार रहेगा।

-रवीन्द्र रफ़ीक़

अनुक्रम

नज़्में

मसअला हल कभी नहीं होगा
आसमाँ क्या कभी ज़मीं होगा

ज़िन्दगी बस फरेब देती है
मौत आये तो फिर यकीं होगा

आँख मोती सजाए मक़तल[1] में
वो अकेला तमाश–बीं होगा

जिसको तुम ढूँढ़ते हो दुनिया में
वो यकींनन यहीं कहीं होगा

हो चुका है यकीं रफ़ीक़ हमें
उसके बिन अब गुज़र नहीं होगा

---

1. वध स्थल

सब कुछ लुटा के शहर-ए-मुहब्बत में आ गया
शौक़-ए-वफ़ा जूनून विरासत में आ गया

लोगों के अश्क़ देख के रोया नहीं है दिल
ये शर्मनाक रोग तबीयत में आ गया

इक ख़्वाब ही समझ के उसे मुस्कुरा दिये
छू कर पता चला वो हक़ीक़त में आ गया

कैसे अजीब देस के हालात हो गये
था जो गुनाहगार सियासत में आ गया

किरदार के रक़ीब[1] की पहचान मिल गयी
शैतान आज उसकी हिमायत[2] में आ गया

है इश्क़ तो रफ़ीक़ मगर डर गया है वो
जब जिक्र उसका एक हिक़ायत[3] में आ गया

---

1 दुश्मन/प्रतिस्पर्धी
2 समर्थन
3 कहानी

तहज़ीब के मुहाफ़िज़[1] बदकार[2] हो गये हैं
इकरार[3] थे कभी अब इंकार हो गये हैं

कब इख़्तियार[4] उनको ख़ुद पर अता किया था
मेरे नसीब के जो मुख़्तार[5] हो गये हैं

वो जो कहें नसीहत वो जो कहें मुनासिब
कैसे अजीब उनके अफ़कार[6] हो गये हैं

कल तक ज़मीन पर भी जिनका गुज़र नहीं था
वो लोग आज देखो मीनार हो गये हैं

---

1 निगहबान
2 दुराचारी
3 हाँ करना
4 अधिकार
5 संरक्षक
6 दृष्टिकोण

बेकार हो चुकी है तेरी शराब साकी
हम इश्क़ की ख़लिश[1] में सरशार[2] हो गये हैं

अब तक ग़लत किया जो माना रफ़ीक़ सबको
उनकी नज़र में अब हम लाचार हो गये हैं

---

1 चुभन
2 नशे में चूर

मायूस था मैं तुझसे हरगिज़ ख़फा नहीं था
दिल था बुझा बुझा पर बे-हौसला नहीं था

दिन रात ज़िन्दगी में थे इक अज़ाब[1] जैसे
तब मौत के अलावा कुछ आसरा नहीं था

नज़रें चुरा-चुरा कर साक़ी पिला रहा था
पी तो रहा था लेकिन मुझको नशा नहीं था

ऐसा कमाल जग ने देखा नहीं अभी तक
ग़म को समो के दिल में वो ग़म-ज़दा[2] नहीं था

बस एक ही ख़लिश है तुम देर से मिले हो
वर्ना कि मा-बदौलत के पास क्या नहीं था

जिस्मों की दूरियां कब दूरियां लगी थीं
जब कुर्बतें[3] थीं दिल में तब फ़ासला नहीं था

---

1 सज़ा
2 दुखी
3 नज़दीकियाँ

मुझको भी ये पता है कि मेरी गुफ़्तगू में
तुमको पसंद आये वो ज़ाविया[1] नहीं था

कुछ ख़ास ही सबब था मिलना रफ़ीक़ उसका
मर्ज़ी थी बस ख़ुदा की ये हादसा नहीं था

---

1 नज़रिया

मुहब्बत आ तिरे सदमात का अब मुंतज़िर[1] हूँ मैं
अमावस की अँधेरी रात का अब मुंतज़िर हूँ मैं

उजाले चुभ रहे हैं मेरी आँखों में हर इक लम्हा
कहो उस चाँद से बस रात[2] का अब मुंतज़िर हूँ मैं

कभी दोहराये जाते थे हमारे प्यार के क़िस्से
उन्हीं बीते हुए लम्हात का अब मुंतज़िर हूँ मैं

मशक्कत से तो हासिल हो गयीं सब नेमतें मुझको
मगर इक आख़िरी ख़ैरात का अब मुंतज़िर हूँ मैं

ज़माने से छुपा कर इश्क़ में हर बात तो कह दी
कभी वो भी कहो जिस बात का अब मुंतज़िर हूँ मैं

---

1 इंतिज़ार करने वाला

उठाई है अगर आवाज़ तो अंजाम से क्या डर
लगीं मुझ पर सभी दफ़्फ़ात[1] का अब मुंतज़िर हूँ मैं

हक़ीक़त मैकदे की जो बताते थे हमें कल तक
लिए साग़र[2] उन्हीं हज़रात का अब मुंतज़िर हूँ मैं

---

1 इल्ज़ाम
2 शराब का प्याला

है आगही[1] मुक्कम्मल एहसास की कमी है
जज़्बात हैं नदारद रिश्तों में बेरुख़ी है

अनजान कब रहे हैं इक दूसरे से हम तुम
फिर दरमियाँ हमारे दीवार क्यूँ ख़ड़ी है

बेजान हो चुका था बस फ़ातिहा[2] था बाक़ी
तब दर्द ने जताया कुछ ज़िन्दगी बची है

अशआर तो ख़ुशी के मैं लिख रहा हूँ पैहम[3]
लेकिन मिरे सुख़न[4] में ग़म की झलक छुपी है

मेरे ख़िलाफ सब हैं फिर भी ख़ुशी है मुझको
इन सब ने साथ मिलकर इक जंग तो लड़ी है

---

1 ज्ञान
2 शोक सभा में मृतक के लिए पढ़ी जाने वाली कविता
3 लगातार
4 शायरी

अब ढह न जाये यक्सर[1] बुनियाद उन घरों की
माँ बाप की जहाँ पर आँखों में कुछ नमी है

बस एक ही सबब है उस सम्त जा रहा हूँ
मुझको ख़ला[2] से उसकी आवाज़ आ रही है

हम तो रफ़ीक़ अब वो दुनिया बसा चुके हैं
अपने सिवा जहाँ पर हर शख़्स अजनबी है

---

1. समस्त
2. खाली जगह

कब तल्ख़ी-ए-हयात[1] थी बस था तिरा ख़याल
चल चल के तेरी राह में मैं हो गया निढाल

गिर तो गये निगाह से दुनिया की हम सनम
लेकिन न आये इश्क़ में अपने कभी ज़वाल[2]

लश्कर के सामने जो अकेला डटा रहा
दुश्मन भी दे रहे हैं उसी शख़्स की मिसाल

हिम्मत न हार जल्द ही होगा वो मोजिज़ा[3]
आवाम के लहू में भी आयेगा फिर उबाल

मैं तो सलीब पर भी तिरा आशना रहा
कुछ था शदीद इश्क़ मिरा कुछ तिरा जमाल

---

1 जीवन का दर्द
2 पतन/घटाव
3 चमत्कार

बाक़ी थी जितनी भी शब-ए-हिज्राँ[1] नसीब में
वो ख़ैर से गुज़र ही गयी अब बचा विसाल[2]

वो कौन है रफ़ीक़ जो हमराह था तिरे
सब के लबों पे आज भी बस है यही सवाल

1. जुदाई की रातें
2. मिलन

खुद मुश्किलें हैं आज सहारा लिये हुए
मौजें उठीं हैं सर पे किनारा लिये हुए

तारीक़[1] रास्तों पे थी मंज़िल भी लापता
लेकिन सहर हुई है नज़ारा लिये हुए

जब शाम ज़िन्दगी की हुई वो मिला मुझे
पहलू में चाँद और सितारा लिये हुए

हमसे गुरेज़[2] सिर्फ़ दिखावा है दोस्तों
फिरते हैं अब भी दिल वो हमारा लिये हुए

तूफ़ान को गुरूर है अपने उरूज[3] पर
हम भी निकल पड़े हैं शिकारा लिये हुए

1 अँधेरा
2 दूर रहना
3 ऊँचाई

मेरे दिल-ओ-दिमाग़ में कुछ भी न आ सका
हर मशग़ला[1] है तेरा इशारा लिये हुए

मिसरी सि है ज़बान तेरी ऐ रफ़ीक़ पर
दुनिया है लब पे आज शरारा लिये हुए

---

1. शौक/काम

ज़िन्दगी में हर नफ़स[1] बेदार[2] होना चाहिए
हर किसी को साहिब-ए किरदार होना चाहिए

नाम पर भगवान् के नीलाम है इंसानियत
है ज़रूरी फिर कोई अवतार होना चाहिए

ये लड़ाई जीतनी इतनी कभी मुश्किल न हो
हर सिपाही को सिपह सालार[3] होना चाहिए

मुश्किलें तो आयेंगी ही मंज़िलों की राह में
ख़्वाब देखा है अगर साकार होना चाहिए

जाम तुम भी छोड़ दो साक़ी जो नज़रें फेर ले
मैकशी[4] का भी कोई मेयार होना चाहिए

---

1 पल/साँस
2 सचेत
3 सरदार
4 शराब पीना

खुद कहाँ ज़ाहिर हुआ है वो ख़ुदा हो या वली
है नज़र में ताब तो दीदार होना चाहिए

इश्क़ में इज़हार का जज़्बा भी लाज़िम है रफ़ीक़
इसलिए अब इश्क़ का इज़हार होना चाहिए

मंज़िलों के रास्ते हर पल बदलते ही रहे
हम मुसाफ़िर थे हमें चलना था चलते ही रहे

फूल कोई भी कली बनती नहीं इस बाग़ में
इस चमन में लोग कलियों को मसलते ही रहे

यार का दीदार हमको इक झलक जो हो गया
कुछ समझ आया नहीं बस आँख़ मलते ही रहे

क्या पता ताबीर उनको कर सकेंगे हम कभी
करवटों के दरमियाँ कुछ ख़्वाब पलते ही रहे

इश्क़ है या तश्नगी[1] हमने कभी जाना नहीं
याद तेरी के बहाने हम बहलते ही रहे

क्या करें हर शब से बढ़कर अब सहर तारीक़[2] है
हम दियों का काम जलना था सो जलते ही रहे

1 मृग-तृष्णा
2 अँधेरा/काला

तू कहे दिन या कहे रात समझ लेता हूँ
इक इशारे में तिरी बात समझ लेता हूँ

है मुहब्बत ये ज़रा सोच के कहना मुझसे
मैं तो बातों को भी जज़्बात समझ लेता हूँ

सादगी पर मिरी अहबाब[1] भी ताना देंगे
इक झलक को भी मुलाकात समझ लेता हूँ

शहर में तेरे सभी आज परीशां क्यूँ हैं
इक नज़र देख के हालात समझ लेता हूँ

वो जो कहते हैं नहीं करते सियासत वाले
ऐसे लोगों की मैं हर बात समझ लेता हूँ

ग़म की बरसात मिरी आँख में मोती भर दे
इश्क़ की राह में सौग़ात[2] समझ लेता हूँ

---

1 दोस्त/साथी
2 उपहार

आँखों में सैलाब छुपाए चलते हैं
हम सीने में आग दबाए चलते हैं

अपने तन की ख़ाक मिला कर सहरा में
जंगल-जंगल फूल खिलाए चलते हैं

कैसे-कैसे ज़ुल्म सहे इस दुनिया के
फिर भी दिल में आस लगाए चलते हैं

इस दुनिया से अपना कोई मेल नहीं
मानो जैसे क़र्ज़ उठाए चलते हैं

याद न कर जो बीत गया सो बीत गया
माज़ी[1] की बस ख़ाक उड़ाए चलते हैं

आँधी तूफां की वहशत[2] को सह कर भी
आशा का इक दीप जलाए चलते हैं

नफ़रत की इस इस नगरी में हम लोगों को
प्रेम का सुर संगीत सुनाए चलते हैं

---

1 गुज़रा वक़्त
2 क्रूर व्यवहार

हाथ पकड़ कर उसने मेरा छोड़ दिया
फिर मैंने भी चाँद को तन्हा छोड़ दिया

बरसों से बिन सावन अश्क़ बहाते थे
दिल सावन ने अब के रोना छोड़ दिया

कल तक तूफ़ां आज सबा[1] भी दुश्मन है
हम मायूस दियों ने जलना छोड़ दिया

पीठ पे वार तो मैं भी कर ही सकता था
बस ग़ैरत[2] की ख़ातिर मौका छोड़ दिया

जान हथेली पर रख कर अब जीते हैं
हमने यारो बिल्कुल डरना छोड़ दिया

---

1 ठंडी हवा
2 शर्म

मुश्किल मंज़िल पाने का इक जरिया है
क्यूँ लोगों ने गिर कर चलना छोड़ दिया

इस पल में ही जीना है और मरना है
धंधा हमने अगला पिछला छोड़ दिया

आँधी में जो दीप जलाओ, बात बने
डूबती कश्ती पार लगाओ, बात बने

जाने क्यूँ अब ये भी झूठ ही कहता है
आइने से सच बुलवाओ, बात बने

जिनको सुनकर दुनिया ख़ुश हो जाती है
प्यार भरे वो गीत सुनाओ, बात बने

कैसे बस अपने में ख़ुश रह पाओगे
संग दिवाली ईद मनाओ, बात बने

सब पाने की होड़ लगाए फिरते हैं
तुम ख़ोने का जश्न मनाओ, बात बने

आज रफ़ीक़ गर जीना है इस दुनिया में
भीड़ में रहकर ध्यान लगाओ, बात बने

कैसी अजीब यारो ये बात हो गयी है
सूरज चमक रहा है और रात हो गयी है

जिस भी शजर[1] तले हम रोए हज़ार आँसू
शादाब[2] हो के बोला बरसात हो गई है

हम भी समझ रहे थे है ख़ेल ज़िन्दगी का
इक पल में आज लेकिन शह मात हो गई है

इम्दाद[3] ही लगे जब इम्दाद बँट रही हो
मज़लूम[4] ये न समझे ख़ैरात हो गई है

उसको सलीब[5] पर भी अहसास ये नहीं था
मासूमियत में उस से हक़ बात हो गई है

---

1 पेड़
2 तरो ताज़ा
3 मदद
4 जिस पर ज़ुल्म हुआ हो/सताया हुआ
5 सूली

ज़िन्दगी बिन हमसफ़र अब इस क़दर दुश्वार है
दोपहर की धूप है और इक शजर[1] दरकार है

एक जुगनू टिमटिमा कर दे गया पैग़ाम ये
रूबरू तारीक़ियों[2] के हो रही यलग़ार[3] है

भीड़ के सैलाब में हम ख़ो गये और लुट गये
शहर में तेरे बचा महफ़ूज़[4] इक किरदार है

तुम मनाते जश्न हो किस बात का ऐ दोस्तो
जो बदल दे हाल अपना कौन-सी सरकार है

कौन सुनता है हमें किस से शिकायत हम करें
इश्तिहारों के लिए अब छप रहा अख़बार है

---

1 पेड़
2 अँधेरों
3 धावा बोलना
4 सुरक्षित

नफ़रतों की दुनिया में इश्क़ की ज़रुरत है
इश्क़ के बिना सारी ज़िन्दगी अज़ीयत[1] है

आप अपना आशिक़ हूँ ख़ुद से प्यार करता हूँ
किस ने कह दिया मुझ को आपसे मुहब्बत है

साँस आती जाती थी तब वजूद था मेरा
आपकी मुहब्बत ही अब मिरी अलामत[2] है

दुश्मनों को पहचानो हाथ क्यूँ मिलाते हो
दोस्ती नहीं दिल में, वक़्त की ज़रुरत है

फ़ासलों की ज़द[3] पर हैं अब तमाम तर रिश्ते
हर रफ़ीक़ से मेरी अब यही शिकायत है

---

1 तकलीफ/पीड़ा
2 पहचान का निशान
3 निशाना

जो किताबों में पढ़ी वो थी हिदायत ज़िन्दगी
अब कतारों में मिली जो है हक़ीक़त ज़िन्दगी

रीज़ा रीज़ा[1] हो चुकी इतनी, रफ़ू बेकार है
माँगती है अब मुक्कमल ही मरम्मत ज़िन्दगी

लोग सारे मंज़िलों की होड़ में बढ़ते रहे
ढूँढती है हमसफ़र अब तक मुसाफ़त[2] ज़िन्दगी

ज़िन्दगी समझा था जिसको ज़िन्दगी वो खो गयी
हमने भी की थी कभी ऐसी शरारत ज़िन्दगी

क़ीमतें बाज़ार में छूने लगी हैं आसमाँ
तीस दिन कैसे गुज़ारे अब किफ़ायत[3] ज़िन्दगी

---

1 तार तार
2 सफ़र/यात्रा
3 कम ख़र्च करना

रात की मुसाफ़त[1] में दिन मिरे गुज़रते हैं
ख़्वाब देखता हूँ पर ख़्वाब टूट जाते हैं

इक अजीब रिश्ता है दरमियाँ हमारे अब
ख़्वाब रूठते भी हैं और वही मनाते हैं

ज़िन्दगी की साँसें भी ख़्वाब से मरासिम[2] हैं
ख़्वाब ही हँसाते हैं ख़्वाब ही रुलाते हैं

खैरख़्वाह[3] बनते हैं ख़्वाब भी न जाने क्यूँ
रतजगों[4] के आलम में लोरियाँ सुनाते हैं

शायरी भी करते हैं ख़्वाब रात भर मेरे
ज़िन्दगी से वाबस्ता[5] हर ग़ज़ल बताते हैं

सल्तनत में ख़्वाबों की अब रफ़ीक़ ज़िन्दा है
मौत के बुलावे तो अब भी रोज़ आते हैं

---

1 सफ़र/यात्रा
2 प्रेम व्यवहार
3 शुभ चिन्तक
4 रात में जागना
5 सम्बन्धित

है अगरचे[1] ज़ोर-ए-तूफ़ाँ हौसले भी कम नहीं
नाख़ुदा[2] नामीद है पर मोजिज़े[3] भी कम नहीं

ज़िन्दगी की हर ख़ता को दरगुज़र[4] मैंने किया
वो मगर ये जान ले अब हाफ़िज़े[5] भी कम नहीं

इक करिश्मा है ये रिश्ता अब हमारे दरमियाँ
क़ुर्बतें[6] बढ़ती रहीं और फ़ासले भी कम नहीं

गर मुहब्बत है सुकून-ए-ज़िन्दगी की इक दवा
सलवटों और क़रवटों में रतजगे[7] भी कम नहीं

---

1 अगर
2 कश्ती चलाने वाला
3 चमत्कार
4 नज़र-अन्दाज़
5 स्मरण शक्ति
6 नज़दीकियाँ
7 रात में जागना

हो भरोसा रहबरी का कुछ यक़ीन-ए-आशिक़ी
वरना दिल के शहर से कुछ राब्ते[1] भी कम नहीं

वक़्त तंक़ीदों[2] का पीछे रह गया है अब रफ़ीक़
आज तेरी शायरी पर तब्सिरे[3] भी कम नहीं

---

1 मेल मिलाप
2 आलोचना
3 समीक्षा

कौन सच्चा कौन झूठा ऐ ज़माने क्या पता
वो जो जीता या जो हारा ऐ ज़माने ये पता

जिस्म की रंगत नहीं किरदार ही पहचान हो
कौन गोरा, कौन काला ए ज़माने क्या पता

ज़िन्दगी की शाम है ये सोचना बेकार है
क्या है खोया क्या है पाया ऐ ज़माने क्या पता

आ गया तेरे नगर मालूम इतना भी नहीं
मैं हूँ तेरा या पराया ऐ ज़माने क्या पता

फ़ासलों की सेज हमको देख कर हैरान है
मुझ में वो कैसे समाया ऐ ज़माने क्या पता

धड़कनों की गुफ़्तगू से हम बड़े अनजान थे
दिल ने दिल को क्या बताया ऐ ज़माने क्या पता

भीड़ इतनी थी मगर सूली चढ़ा तो बस रफ़ीक़
चुप रहा और कौन बोला ऐ ज़माने क्या पता

इंसाफ़ की हिफ़ाज़त क़ानून क्या करेगा
जो कुछ भी अब है करना मेरा ख़ुदा करेगा

मेरे ख़ुदा की अज़मत[1] ऐसी अज़ीम तर है
जो डूबना भी चाहूँ दरिया भला करेगा

मर मर के जी रहा हूँ जी जी के मर रहा हूँ
मेरा जो चारागर[2] है वो ही दवा करेगा

तासीर-ए-इश्क़ मेरी अब इस मकाम पर है
वो बेवफ़ा अज़ल[3] का मुझसे वफ़ा करेगा

मेरी बक़ा[4] में ऐसी है दिलकशी कि क़ातिल
खंजर को छोड़ मेरे हक़ में दुआ करेगा

---

1 प्रतिष्ठा/बड़ाई
2 उपचार करने वाला
3 प्रारम्भिक काल
4 सलामती

वो मेरा हमसफ़र है उम्मीद भी उसी से
मेरी बुराइयों से मुझको जुदा करेगा

अब तो रफ़ीक़ तुम भी रिश्तों को भूल जाओ
बेदर्द है ज़माना फिर से दग़ा करेगा

गो कि धूप निकली है पर कहाँ उजाला है
आज कुछ नहीं बस में बेबसी का डेरा है

मौज आती जाती है क्या यक़ीं करें इसका
पार क्या लगायेगी इसने ही डुबोया है

है पता ये मुझको तुम आज भी न आओगे
देखना है बस इतना क्या नया बहाना है

आँधियों के चलने से कुछ नया तो होगा ही
ज़िन्दगी के सहरा में हो रहा करिश्मा है

मैं तो इक मुहाजिर[1] हूँ यार तेरी बस्ती में
घर करूँ तिरे दिल में इक वही ठिकाना है

दिल की बात अब सबसे कहने में भी डरते हैं
वो भी क्या ज़माना था ये भी क्या ज़माना है

1 विदेश में जाकर बसने वाला

यक़ीं नहीं है तो फिर इम्तिहाँ लिया जाये
फ़ुज़ूल सर पे नया आसमाँ लिया जाये

कठिन हो राहगुज़र और हों मंज़िलें दुश्वार
तो हमसफ़र भी कोई हमज़बाँ लिया जाये

जहाँ सुकून भरे दिन तो चैन रातों में
उसी गली में कहीं इक मकाँ लिया जाये

तवील[1] और घनी रात, हम हैं कश्ती है
तो बादबान[2] भी अंजुम-फ़िशाँ[3] लिया जाये

बजा है मुझसे मुहब्बत नहीं है नफ़रत है
तो मेरा नाम भी क्यूँ दरमियाँ लिया जाये

जो ऐतबार हो तुम को रफ़ीक़ रस्तों पर
तो अपने साथ ये सारा जहाँ लिया जाये

---

1 लम्बी
2 पतवार
3 सितारों से भरा

सीधे रस्तों की दुश्वारी देखी है
सच्चे लोगों की लाचारी देखी है

बस चार दिनों का मेला है ये दुनिया भी
उस पर तेरी दुनियादारी देखी है

तुझसे शिकवा करते क्या हम जाने-ए-जाँ
हर रिश्ते में बस बेज़ारी[1] देखी है

आग लगाना आसाँ है हर बस्ती में
क्या अपने घर में चिंगारी देखी है

जब तक माँ थी घर-घर जैसा दिखता था
अब हर चीज़ यहाँ बाज़ारी देखी है

---

1 निराशा

मंज़िल गुम और रस्ते भी मालूम नहीं
आज तलक ऐसी ही सरदारी देखी है

बस अपना हक़ लेना हैं ख़ैरात नहीं
तुमने तो मेरी ख़ुद्दारी[1] देखी है

1 स्वाभिमान

हर कदम थीं मुश्किलें फिर भी सफ़र आसान था
इक सितारा साथ था मैं रात से अनजान था

कारवाँ से हो जुदा चलता रहा इस आस में
आप मेरे हमसफ़र हों बस यही अरमान था

वो अगर उनवान[1] हो तो नज़्म कर लूँ ज़िन्दगी
इक वही मौज़ूअ[2] मेरा इक वही पहचान था

दर-गुज़र मैं कर न पाया जो सितम तूने सहे
था तो मैं इन्सान ही किसने कहा भगवान था

जाते जाते ले गया वो दिल की दुनिया लूट कर
मैं न जब उस से मिला था तब बड़ा धनवान था

1 शीर्षक/प्रस्तावना
2 केन्द्रीय विचार/विज़य

ये कहा है दिल ने मुझसे अब इना[1] महफ़ूज़ रख
आपके इक़रार का भी अब कहाँ इमकान[2] था

इतने ख़ुश क्यूँ लोग हैं बर्बाद कर उसको रफ़ीक़
सादा दिल और बेख़बर वो शख़्स ही नादान था

---

1 अभिमान
2 सम्भावना

ख़ुद से मेरी हो रही पहचान ही से डर गये
ख़ाक सुनते नज़्म वो उन्वान[1] ही से डर गये

ज़ुल्म सह कर उम्र भर अब फैसला है जंग का
मेरे दुश्मन क्यूँ मगर ऐलान ही से डर गये

लब पे था कुछ और तेरे फ़ैसला कुछ और था
बस इसी कारण तिरी मुस्कान ही से डर गये

कुछ हमारे दरमियाँ होगा न होगा क्या पता
आप क्यूँ मेरे सनम इमकान[2] ही से डर गये

हर जगह सजदे किये हैं और ख़ुदा भी याद है
क्या सबब है फिर ज़रा तूफ़ान ही से डर गये

---

1 शीर्षक
2 सम्भावना

इल्म[1] मुझको था कहाँ सब कुछ सिखाया आपने
गर वली[2] थे आप क्यूँ नादान ही से डर गये

हमनफ़स[3] माना तुम्हें तो ख़्वाहिशें कर दी बयाँ
क्या ख़बर थी आप इक अरमान ही से डर गये

कुछ बरस पहले क़यामत ही से डरते थे रफ़ीक़
ऐ ख़ुदा अब तो तिरे इन्सान ही से डर गये

---

1 ज्ञान
2 मालिक/वो मनुष्य जो ख़ुदा के करीब हो
3 दोस्त

खुली है आँख मगर ख़्वाब देखना चाहूँ
मैं तेरे कुर्ब[1] का बस एक सिलसिला चाहूँ

हज़ार बार पढ़ूँ मैं तुम्हारे चेहरे को
अब उसके बाद भला कौन-सी दुआ चाहूँ

मिरे वजूद को डसता है एक ही पैकर[2]
घड़ी-घड़ी मैं उसे फिर भी देखना चाहूँ

खुली किताब जो पाऊँ वर्क़ वर्क़[3] पढ़ लूँ
किताब बन्द अगर हो तो मैकदा चाहूँ

कि हर्फ़[4] हर्फ़ समेटो मुझे तुम्हीं जानम
बिखर गया हूँ मैं थोड़ा-सा हौसला चाहूँ

---

1 नज़दीकी
2 प्रतिमा
3 पृष्ठ
4 अक्षर

जो ज़िन्दगी को ग़ज़ल ही बना दिया हमदम
तुम्हीं रदीफ तुम्हीं को मैं क़ाफिया चाहूँ

रफ़ीक़ नींद में तुमको न दूर कर बैठूँ
यही सबब है कि अब सिर्फ़ रतजगा चाहूँ

दुश्मनों को मात दे दी दोस्तों का क्या करें
संग रीज़ा[1] कर दिये पर आइनों का क्या करें

हम वतन सब चल रहे हैं हाथ डाले हाथ में
बढ़ रहे मरकज़[2] की जानिब हाशियों[3] का क्या करें

चाहते हम भी यही थे मान लें बातें तिरी
ज़िन्दगी से जो मिले सब तजरुबों का क्या करें

कामयाबी क्या मिली इक भीड़ है चारों तरफ़
तेरे मेरे दरमियाँ इन फ़ासलों का क्या करें

कोई भी त्यौहार हो हम भी मनायेंगे मगर
आसमाँ को छू रही इन कीमतों का क्या करें

---

1 कण
2 केन्द्रीय भाग
3 पृष्ठ के चारों ओर छोड़ी हुई सादा जगह

कुछ इना का था नशा हम भी ज़रा मग़रूर थे
सोचते हैं करवटों में रतजगों का क्या करें

रास्ते मालूम थे और तजरुबा भी था रफ़ीक़
रहबरों[1] के भेस में हम रह्ज़नों[2] का क्या करें

1 राह दिखाने वाला
2 लुटेरों

हिज्र[1] के दौर की बेकली और थी
वस्ल[2] के बाद की ज़िन्दगी और थी

अब कहाँ वो कशिश बर्फ़ ही बर्फ़ है
दोस्ती और थी दुश्मनी और थी

मौत की ये सज़ा लाज़मी थी हमें
मसअला और था पैरवी और थी

थक गये धूप में खो गये रेत में
मंज़िलें जब मिली रहबरी और थी

बोल कर क्या करें जो ख़लिश दिल में है
तुम ख़फा जब हुए बेदिली और थी

साथ जब तुम चले दिन हो या रात हो
नूर सी रौशनी चाँदनी और थी

---

1 जुदाई
2 मिलन

इक सुहानी याद है उसकी निशानी आज भी
लब पे सब के है रवाँ अपनी कहानी आज भी

कश्तियों की दीद में दरिया सकूत-ए-मौज[1] था
ना-समझ साहिल से कह दो है रवानी आज भी

सब सयाने हो चुके अब इश्क़ की बातें कहाँ
एक हम ही हैं सुनाते दिल कहानी आज भी

जानते थे सब मगर पूछा नहीं हमने कभी
बेख़ुदी के इस सफ़र में बेज़ुबानी आज भी

क्या गवाही फ़ैसले देखी अदालत आपकी
एक शै है सर पे जिसकी पासबानी[2] आज भी

---

1 लहरों की खामोशी
2 निगहबानी

कुछ ज़माने के सितम और ज़िन्दगी की मुश्किलें
दोष उनका था नहीं है ख़ुश-गुमानी आज भी

हैं पुराने तजरुबे फिर हो यक़ीं कैसे रफ़ीक़
दिल में कुछ है और उनके कुछ ज़ुबानी आज भी

अपनों को जो पल में दुश्मन करती हैं
सच्ची बातें किसको अच्छी लगती हैं

जिनको सुनकर पहले ख़ुश हो जाते थे
फिर क्यूँ उनको आज वो बातें ख़लती हैं

लाख जतन कर ले दुनिया पर क्या हासिल
झूठी रस्में फिर भी चालें चलती हैं

हाथ पकड़ कर सूरज चाँद को ले आया
आँचल-आँचल ऐसी शामें ढलती हैं

इक दूजे के भीतर ज़िन्दा रहते हैं
उसकी साँसें मेरे दिल में पलती हैं

थोड़ी-सी अनबन से क्यूँ घबराते हो
हम दोनों की सारी बातें मिलती हैं

चार दिन के साथ में दो दिन बिछड़ना क्या करें
इश्क़ में हर रोज़ अब ख़ुद को परख़ना क्या करें

वो जूनून-ए-इश्क़ था इक ख़्वाब गुज़रे वक़्त का
अब तो बाकी रह गया रोना रुलाना क्या करें

डर किसे है गर्क़ भी गर हो गये तो हो गये
डूब कर सीखा है हमने पार जाना क्या करें

पूरी दुनिया के लिए वो नर्म दिल इन्सान है
मेरे दिल को ही बनाता है निशाना क्या करें

ज़िन्दगी भर अज़्म मेरा बोझ ढोता रह गया
इक न इक दिन कर्ज़ उसका था चुकाना क्या करें

चाह थी बस इक नज़र की मैकशी बदनाम है
उसको आया ही नहीं पीना पिलाना क्या करें

अब किसे इलज़ाम दें अपनी तबाही का रफ़ीक़
कुछ तो हम मासूम थे कुछ ये ज़माना क्या करें

राह क्या तकते तिरे जाने के बाद
कब खिले हैं फूल मुरझाने के बाद

तू दुआ तो कर मगर ये भी याद रख
एक मैख़ाना है बुतख़ाने के बाद

उम्र भर हम हाथ मलते रह गये
क्या सुलझती बात उलझाने के बाद

इश्क़ ज़िन्दा ज़िन्दगी में सादगी
मिल गया वो शहर वीराने के बाद

पी रहे हो गर किसी की याद में
जाम उठाओ जाम छलकाने के बाद

तू गया तो ज़िन्दगी नाराज है
कितने ख़ुश थे हम तुझे पाने के बाद

फातिहा क्यूँ पढ़ रहे हो तुम रफ़ीक़
जी उठे ग़मख़्वार ग़म खाने के बाद

ज़ख़्म जब लगे गहरा नींद टूट जाती है
ख़्वाब देखता मैं क्या नींद टूट जाती है

इस क़दर हुए तन्हा रात डसती रहती है
आ ज़रा गले लग जा नींद टूट जाती है

था सुकून कुछ हमको जब तलक भरोसा था
जब से दिल हुआ मैला नींद टूट जाती है

भूलना तो चाहा था करवटों के जमघट में
जब दिखे तिरा चेहरा नींद टूट जाती है

हम भी ग़म छुपाते हैं दिल ही दिल में लेकिन जब
ग़मज़दा मिले हम सा नींद टूट जाती है

मैकशी बहाना है तेरा ग़म छुपाने का
ज्यूँ ही ये नशा टूटा नींद टूट जाती है

ज़िन्दगी तो पहले भी नाम की ही ज़िन्दा थी
आपसे नहीं शिकवा नींद टूट जाती है

कभी दिल शाद[1] करने को कभी ना-शाद करने को
बहुत फ़ुर्सत मिली तुम को हमें बर्बाद करने को

इबादत गाह[2] भी छूटी हमारा साथ भी छूटा
उन्हें जब से मिला है बुत नया फ़रियाद करने को

मिरे आँसू तिरे दिल पर असर अब क्यूँ नहीं करते
बड़ी दिक्कत हुई होगी इसे फ़ौलाद करने को

मिरा साया भी जाने क्यूँ मुझी से दूर रहता है
करूँ क्या ये बता दे अब इसे हम-ज़ाद[3] करने को

मुसाफ़त[4] में रहेंगे कब तलक अब दिल ये कहता है
भला इक शहर मिल जाता हमें आबाद करने को

---

1 खुश
2 पूजा करने का स्थान
3 साथ पैदा होने वाला
4 यात्रा

सब के सब तो ख़राब नहीं होते
इतने सच्चे हिसाब नहीं होते

जितने सीधे सवाल हैं होते
उतने सीधे जवाब नहीं होते

दिल बस्ती है सूनी सूनी
शाम ढले जब जनाब नहीं होते

बिन काँटों के हरदम महकें
ऐसे फ़ूल गुलाब नहीं होते

जब से दुनिया के सच को देखा
इन आँखों में ख़्वाब नहीं होते

उसके अश्क़ गिरे जिस दरिया में
उस दरिया में हबाब[1] नहीं होते

आवाज़ बने आवाम की अक्सर
उनके हिस्से ख़िताब नहीं होते

---

1 बुलबुला

मौत का मेरी तमाशा न बना
मैं हूँ इन्सान मसीहा न बना

कुछ नयी बात भी कर आज सनम
फिर पुराना-सा बहाना न बना

आपकी बातों में थी दिल में नहीं
इस रफ़ाक़त[1] को फसाना न बना

रात गुज़री कि मुझे छोड़ दिया
अपनी राहों का सितारा न बना

जिन दरख़्तों पे परिन्दे हों बहुत
उन दरख़्तों पे घरौंदा न बना

---

1 प्रेम

आज मैख़ाना नहीं दोस्त नहीं
जाम ख़िलवत[1] में नशीला न बना

आज महफ़ूज़ सफ़ीना[2] है मगर
बहते पानी पे ठिकाना न बना

1 एकान्त
2 नाव

बेकली में शिफ़ा[1] नहीं होती
याद उसकी हवा नहीं होती

हमसफ़र तुम अगर बने होते
ज़िन्दगी सानेहा[2] नहीं होती

है मुनासिब कभी-कभी लेकिन
दिल-लगी बारहा[3] नहीं होती

गर्क़ होकर हमें उभरना था
आशिक़ी में इना[4] नहीं होती

कर के सजदे रफ़ीक़ क्या हासिल
दिल में ही जब दुआ नहीं होती

---

1 रोग से मुक्त करना
2 हादसा
3 बार-बार
4 अभिमान

मैकदे से आ रहा हूँ होश बाकी है अभी
एक महफ़िल ख़्वाब के घर में सजानी है अभी

भूल कर था बेख़बर सब हाद्सात-ए-ज़िन्दगी[1]
क्या ख़बर थी मेरे आगे मेरा माज़ी[2] है अभी

मौसमों के हर सितम यूँ नक्श हैं दिल पर मिरे
रुत सुहानी है मगर ये जाँ सुलगती है अभी

लोग सारे अंजुमन से तेरे रुख़्सत हो चुके
मैं रुका हूँ इक ज़रूरी बात कहनी है अभी

किस जतन से इक दिया जलता हुआ खुशबाश था
उस दिये को ढूँढती क्यूँ तेज आँधी है अभी

---

1 जीवन के हादसे
2 भूतकाल/गुज़रा हुआ वक़्त

कुछ हवा भी सर्द है कुछ नब्ज भी मद्धम-सी है
जिस्म में मेरे मगर क्यूँ साँस चलती है अभी

उस नगर के लोग कैसे साँस लेते हैं रफ़ीक़
जिस नगर में नफ़रतों का हब्स[1] बाकी है अभी

1 हवा का बन्द होना/उमस होना

दिल दुखा के चल दिये वो मुस्कुरा के चल दिये
मैं जी रहा हूँ ख़्वाब में ये सच बता के चल दिये

नहीं है इश्क़ चाँद से जो राह तकते उम्र भर
सो रात तारे आसमाँ के टिमटिमा के चल दिये

उन्हीं के पास आग है उन्हीं के पास आब भी
जला के ख्वाहिशें सभी वो दिल बुझा के जल दिये

सवाल था कि शान तेरे मैकदे की बच सके
सो बिन पिये ही रिन्द सारे लड़खड़ा के चल दिये

हमारी दोस्ती फ़क़त सिमट के रह गई है यूँ
कभी-कभार आये, मिलमिला के चल दिये

ज़माने भर की ज़ुल्मतों से क्या गि़ला करें रफ़ीक़
चराग़-ए-वक़्त ज़िन्दगी को झिलमिला के चल दिये

कभी रस्ता कभी मंज़िल कभी आराम हो जाये
मुसलसल[1] हो अगर काविश[2] तो ख़ुश अंजाम हो जाये

यही मेरी दुआ है हर घड़ी बस साथ हो तेरा
हो नूरानी सहर और फिर नशीली शाम हो जाये

किसे परवाह दुनिया की मगर इस बात का डर है
कहीं तू भी न मेरे नाम से बदनाम हो जाये

तुम्हें माँगा है रब से और क्या दुनिया जहाँ माँगूं
तुम्हारी एक हाँ से मेरा पूरा काम हो जाये

न कुछ रक्खा है झगड़ों में है छोटी ज़िन्दगी जानम
चलो अब ख़त्म करते हैं ये छोटा जाम हो जाये

मुहब्बत में यही है आख़िरी ख़्वाहिश रफ़ीक़-ए-जाँ
मैं राधा बावरी और तू मिरा घनश्याम हो जाये

---

1 लगातार
2 मेहनत

घर पे दस्तक दे मिरे अब लौट जाती ज़िन्दगी
आज फिर नज़रें चुराती अजनबी थी ज़िन्दगी

ख़ुद मुझे मिलती नहीं और मौत को आने न दे
दूर जाती और कभी नज़दीक आती ज़िन्दगी

एक ही करवट पे हमने उम्र सारी काट दी
कब सितारों की तरह थी झिलमिलाती ज़िन्दगी

थी दिली ख़्वाहिश मगर इक ख़्वाब बन के रह गयी
रूठ जाऊँ जब कभी मुझ को मनाती ज़िन्दगी

जब से तेरे घाव मेरी रूह तक रिसने लगे
आज आँखें मूँद ले हर पल मिटाती ज़िन्दगी

अब तो सारे ख़ेत ही सोने की चिड़िया चुग गयी
धान की बाली सि थी तब लहलहाती ज़िन्दगी

गर अकेले ही जियोगे ख़ुश रहोगे तुम रफ़ीक़
कौन देखेगा तुम्हारी छटपटाती ज़िन्दगी

चाँद सूरज का तो बस नाम हुआ करता है
हम चिराग़ों से बहुत काम हुआ करता है

दूरियाँ, वक़्त, अना[1], आग लगाते हैं मगर
फासला असल में दो गाम हुआ करता है

कल तलक अंधेरे में क़त्ल हुआ करते थे
सानेहा अब ये खुले आम हुआ करता है

गाँव ही लौट चलें चैन-ओ-सुकूँ की ख़ातिर
शहर में रोज़ ही हंगाम हुआ करता है

रस्म-ए-उलफ़त को है साक़ी ने निभाया ऐसे
उसकी आँखों में भरा जाम हुआ करता है

उसको देखूँ तो ग़ज़ल नज़्म ज़हन में उभरे
उसके दीदार से इल्हाम[2] हुआ करता है

---

1. घमंड
2. ईश्वरीय प्रेरणा

बे सबब हमने गुज़ारी बे-ख़ुदी में ज़िन्दगी
ढूँढते हैं आज भी हम ज़िन्दगी में ज़िन्दगी

दो घड़ी आराम से मिल बैठ कर कुछ बात हो
जब मिली हर वक़्त थी ख़ुद हड़बड़ी में ज़िन्दगी

ये अँधेरों और उजालों में मुसलसल[1] जंग है
तीरगी[2] में थी कभी तो रौशनी में ज़िन्दगी

मुफ़लिसी हो बेकसी हो हम को सब मंज़ूर है
ख़ूब गुज़री अब तलक ये कमतरी में ज़िन्दगी

आज कल सब दुश्मनों की कोशिशें पुरज़ोर हैं
एक हम हैं जी रहे हैं सरकशी में ज़िन्दगी

इक ज़रा-सी कामयाबी क्या मिली उनको रफ़ीक़
ख़ूब उनकी कट रही है कदकशी में ज़िन्दगी

1 लगातार
2 अँधेरा

मैं तो इक शराबी हूँ तुम नमाज़ पढ़ते हो
मैं उसी का बन्दा हूँ तुम उसी से डरते हो

ज़िन्दगी के ख़ाते का कुछ हिसाब तो कर लो
एक पल के जीने में आंसुओं में ढलते हो

आसमाँ पे नज़रें हैं और ज़मीं पे जीना है
आज ख़ुद से सच बोलो क्या तलाश करते हो

ये ज़बान है किसकी है तुम तो कह नहीं सकते
दुश्मनों की बातों का ऐतबार करते हो

मसअले रफ़ाक़त के सरहदों पे क्यूँ रोयें
है सवाल छोटा-सा क्या जवाब देते हो

बे चिराग़ रातें हैं बे-पनाह सपने हैं
तुम रफ़ीक़ पागल हो फिर भी मुस्कुराते हो

ख़्वाबों के सफ़ीने[1] हैं जलवों की रवानी है
इक आँख में सहरा है इक आँख में पानी है

सोने का कफ़स[2] है पर कब रोक सका मुझको
आज़ाद परिन्दा हूँ परवाज़[3] निशानी है

हर बात पुरानी क्यूँ अब छोड़ चले हम तुम
किस तरह के क़िस्से हैं राजा है न रानी है

तुम कोई सज़ा दे दो और ज़ुल्म करो हम पर
हक़ बात कहेंगे हम आदत ये पुरानी है

ज़ंजीर गुलामी की अब तोड़ दो तुम वर्ना
तारीख़ भी पूछेगी कैसी ये जवानी है

जो ख़ून बहाया है वो ख़ून पुकारेगा
नापाक इरादों की क़ीमत तो चुकानी है

---

1 कश्तियाँ
2 पिंजरा
3 उड़ान

पहला ख़त तो लिखना था
कह लेते जो कहना था

मुश्किल राहें हैं लेकिन
गिर कर उठना चलना था

दिल के दीप में तेल कहाँ
आँसू-आँसू जलना था

मौत तो इक दिन आनी है
जीते जी क्यूँ मरना था

किस-किस से लड़ते हम
इसी शहर में रहना था

उसकी पैनी नज़रों से
नामुमकिन अब बचना था

दिन गुज़रा पर शाम ढले
कोई झगड़ा होना था

बेच के ख़ुद को लाया जो
सब से महँगा गहना था

इक उम्र से जागा हूँ एक उम्र ही सोना ख़्वाहिश है
खुशी से ऐसा पागल हूँ दरिया रोना ख़्वाहिश है

तेरी राहों में मारा मारा फिरता मैं कब तक
जीवन नगरी अब देखूँ ख़्वाब सलोना ख़्वाहिश है

आँधी तूफाँ की अपने आगे तो औक़ात ही क्या
अब दरिया में अपनी कश्ती आप डुबोना ख़्वाहिश है

मायूसी से बोझिल तनहा आँखें देखूँ मैं जब भी
उन नैनों में फिर आशा दीप जलाना ख़्वाहिश है

अपने ग़म यकसाँ[1] हैं और यकसाँ अपने आँसू भी
सारे मोती माला में आज पिरोना ख़्वाहिश है

बस अपनी शर्तों पर अब जीना भी है मरना भी
खुद मुझको हाँ अब थोड़ा खुद का होना ख़्वाहिश है

---

1. एक जैसा, बराबर

खुदी से बात करनी है न ख़ाली जाम हो साक़ी
उजाला हो घड़ी भर का भले फिर शाम हो साक़ी

पिला दे इस क़दर मुझको जबाँ से आज सच निकले
किसे परवाह दुनिया की कोई अंजाम हो साक़ी

ज़माना जब भी पूछेगा तू मेरा नाम कह देना
मुझे मंज़ूर है मरना न तू बदनाम हो साक़ी

ये कैसी बर्फ़ रग-रग में जमी है आज लोगों की
जनाज़ा जब उठे कोई कहीं कोहराम हो साक़ी

कभी कहता खुले दिल से कभी तो वो झिझकता है
मैं चाहूँगा मिरे अन्दर तिरा हमनाम हो साक़ी

कहीं भी हम चले जायें तुम्हारे पास लौटेंगे
सफ़र हो ज़िन्दगी भर का या फिर दो गाम हो साक़ी

न मन्दिर है न मस्जिद है भरा है सिर्फ़ मैख़ाना
ग़ज़ल तब हो मुकम्मल जब ज़रा इल्हाम[1] हो साक़ी

---

1 ईश्वरीय ज्ञान या प्रेरणा

सच न अच्छा न बुरा होता है
सिर्फ़ सच है जो ख़रा होता है

चाँदनी को है शिकायत चन्दा
क्यूँ सितारों से घिरा होता है

मुस्कराहट है लबों पर लेकिन
दिल में इक दर्द भरा होता है

जब भी चलती हैं हवाएँ ठँडी
ज़ख़्म-ए-दिल और हरा होता है

मौत आसान लगेगी उसको
ज़िन्दगी से जो डरा होता है

हाथ उठते हैं दुआ की ख़ातिर
सर तो सजदे में गिरा होता है

रहने के वास्ते तो मकाँ भी नहीं मिला
दरिया ग़म-ए-वफ़ा का रवाँ भी नहीं मिला

ढूँढा ज़मीं से ता-ब-फ़लक क्या करें हमें
सारे जहाँ में तेरा निशाँ भी नहीं मिला

बस्ती थी कौन-सी जहाँ आग थी लगी
देखा जो अगले रोज़ धुआँ भी नहीं मिला

इक हमनफ़स तलाश किया ज़िन्दगी तमाम
कैसा सितम कि शोख़ जुबाँ भी नहीं मिला

शायद वो जा चुका वहीं परियों के देस में
गुज़री है उम्र संग-ए-निशाँ भी नहीं मिला

जब छुपा लिया हर गुनाह को
तब हुई सज़ा बेगुनाह को

मंज़िलें अलग रास्ते जुदा
क्या हुआ मिरे सरबराह को

तुम भी ख़ुश रहो मैं भी ख़ुश रहूँ
चल निकल चलें अपनी राह को

तुमने जब से हैं कान सी लिए
कैसे सुन सको मेरी आह को

तुम तो चाँद को देखते रहे
हम तरस गये इक निगाह को

इश्क़ की डगर छोड़ दो रफ़ीक़
कैसे मानते इस सलाह को

मुश्किलों के दौर में इक शख़्स ऐसा मिल गया
ज़िन्दगी की धूप में फिर फूल ताज़ा खिल गया

इक नज़र के खेल में दुनिया बदल दी आपने
था मिरा दामन दरीदा[1] आज कैसे सिल गया

सिलसिले थे इश्क़ के अब क्यूँ बिछड़ जाने को हैं
वो गया तो यूँ लगा जैसे कि मुस्तकबिल[2] गया

था तुम्हारे नाम का वो तुम तलक पहुँचा है आज
मुद्दतों जिसको सँभाला आख़िरश वो दिल गया

कुछ अना[3] भी थी तुम्हारी कुछ हमीं आसाँ न थे
बा-वफ़ा दोनों रहे पर इश्क़ बेहासिल गया

---

1 फ़टा हुआ
2 आगे आने वाला वक्त/भविज़्यकाल
3 अभियान

मैं अकेला और दुश्मन का था लश्कर सामने
जब उठी यलगार मेरी शर्म से बुज़दिल गया

वो अवध का था न दिल्ली का मगर फिर भी रफ़ीक़
लूट कर बस एक मिसरे में सर-ए-महफ़िल गया

घर तो मिसमार[1] था घर–नुमा[2] रह गया
दिल की बस्ती में इक सरफ़िरा रह गया

दूर क्यूँ हो गये इस क़दर आज हम
रास्ते ख़ो गये फ़ासला रह गया

घर बदलते बदलते तिरे शहर में
कोई मुझ में कहीं दूसरा रह गया

मिन्नतें कर मनाया था सब को मगर
वो ख़फ़ा था जो मुझसे ख़फ़ा रह गया

सब को लोरियाँ सुनाती रही ज़िन्दगी
मेरी आँखों में बस रतजगा रह गया

---

1 ध्वस्त
2 घर जैसा

अब उसे भी तह-ए-तेग़[1] कर दीजिये
जो भी बस्ती में मुझ-सा बचा रह गया

दिल की महफ़िल सजाई थी जिस के लिए
वो तो चिल्मन से बस झाँकता रह गया

झूठी ख़ुशियों ने दी बेलिबासी मुझे
मैं ग़मों की रिदा[2] ओढ़ता रह गया

---

1 तलवार के घाट उतारना
2 चादर

मुझे उसने बचाया है गुनाहों के अज़ाबों[1] से
वगरना कब का गिर जाता मैं अपनी ही निगाहों से

बहुत बदनाम है तूफ़ाँ कि सब बर्बाद करता है
किया आबाद है किसको ये पूछेंगे किनारों से

अदालत फ़ैसले कानून हैं सब जेब में उसकी
मिरा दुश्मन हरायेगा मुझे झूठे गवाहों से

मिसालें चाँद सूरज की सुनी हैं आज तक हमने
मगर रौशन हुई रातें तो बस जलते चिराग़ों से

अमावास रात है उस पर है कोहरा आसमानों पर
हमें उम्मीद है लेकिन उन्हीं टूटे सितारों से

---

1 अपराध

एक पल में ही सब बदल गया
बेक़रार दिल फिर बहल गया

वो यहीं पे था वो यहीं तो है
एक शख़्स हर शै में ढल गया

जब सवाब हम भूलने लगे
लो गुनाह अब दिल में पल गया

रौशनी के ख़्वाब ख़्वाब हो गये
मैं चिराग़ था रात जल गया

वो रक़ीब[1] है या रफ़ीक़[2] है
वक़्त सोचने में निकल गया

---

1 दुश्मन
2 दोस्त

उजाले माँगते हैं जो उन्हें तुम रौशनी दे दो
हमें लड़ना अँधेरों से हमें बस बेख़ुदी दे दो

भुलाया मौत को हमने तभी जीने का फ़न पाया
कहो तो रोज़ मर जायें बस इतनी ज़िन्दगी दे दो

किसी बरगद तले हो घर कोई बहती हुई नदिया
जिसे मैं छोड़ आया हूँ मुझे वो सादगी दे दो

ये मेरी ज़िन्दगी पूरी दिलासों की अमानत है
बहुत उकता चुका हूँ अब मुझे आवारगी दे दो

सफ़र में साथ हो उसका कभी मंज़िल न माँगेंगे
यही है आख़िरी ख़्वाहिश वो सूरत साँवली दे दो

किनारे आँख दरिया से बहुत ही दूर लगते हैं
तरस ख़ाओ सफ़ीनों[1] पर हवाएँ मनचली दे दो

ये दुनिया चाहती है क्यूँ मिरा लहजा बदल जाये
मुझे कैसे गँवारा हो मुझे बस ख़ामुशी दे दो

1 कश्ती

उसने तो हाल-ए-दिल कहने नहीं दिया
दिल को किसी भी सम्त लगाने नहीं दिया

इस तरह थी गिरफ़्त में उसके हरेक बात
सूरज मिरे विसाल[1] का ढलने नहीं दिया

रोया हज़ार बार तुझे ज़िन्दगी मगर
आँखों को मैंने अश्क़ से भरने नहीं दिया

साक़ी ने दे शराब मुझे फेर ली नज़र
इस बेरुख़ी ने रात को पीने नहीं दिया

ये उनकी दोस्ती थी कि दुश्मनी रफ़ीक़
हर ज़ख्म रिस रहा था प सीने नहीं दिया

---

1 मिलन

काफिला अँधेरों का रहबरी सितारों की
बादलों की चिलमन से बात थी इशारों की

मुश्किलों के आलम में साथ ही तो माँगा था
देखते रहे कल शब बेबसी सहारों की

दो घड़ी रुके होते तेरे साथ हो लेते
हम भी देख लेते फिर इक झलक नज़ारों ही

ज़िन्दगी को चन्द लफ़्ज़ों में बयान करना हो
दास्ताँ मुहब्बत की अनकहे क़रारों की

जा के बीच दरिया में ग़र्क हो गये होते
गर हमें पता होती असलियत किनारों की

अब तो बस ख़िज़ाओं[1] में शादमान रहते हैं
हम ने आज़माई है दोस्ती बहारों की

शहर में कहाँ ढूँढें वो ख़ुलूस के बन्दे
क्या रफ़ीक़ गाँव में महफ़िलें थीं यारों की

1 पतझड़

हर महकते ख़्वाब की सच्ची कहानी और है
जो गुज़ारी संग तेरे ज़िन्दगानी और है

ये हक़ीक़त है कहाँ बस है नज़रिया आपका
हर हक़ीक़त की यहाँ अब तर्जुमानी[1] और है

सब के सब अपने समन्दर से गले मिलते हैं पर
वो भी दरिया है सनम उसकी रवानी और है

हम तो बंजारे सितारों के तले ख़ुशबाश थे
जब से आये शहर तेरे ला-मकानी[2] और है

हम हैं सहरा के मुसाफ़िर उम्र गुज़री प्यास में
क्या सबब है आज जो तश्ना-दहानी[3] और है

---

1 अनुवाद
2 बेघरी
3 प्यासा मुरू

मंज़िलों पर थी नज़र तो रास्ते गुम हो गये
हमसफ़र अब इस सफ़र की रायगानी[1] और है

ज़िन्दगी पहली दफ़ा ज़िन्दा लगी है तो रफ़ीक़
चाहे कुछ हो बात उससे अब बढ़ानी और है

1 निष्फल

सफ़र में धूप है रस्ता बहुत सुनसान लगता है
थकन से काफ़िला सालार[1] भी बेजान लगता है

घुटन चारों तरफ़ है एक पत्ता भी नहीं हिलता
हवाएँ थम गयीं तूफ़ान का इमकान[2] लगता है

बदलते मौसमों जैसा मिला है आज वो हमको
घड़ी या दो घड़ी का वो यहाँ मेहमान लगता है

वो ओढ़े यार की ख़ुशबू यही तो ख़ुश लिबासी है
किया है इश्क़ का सौदा बड़ा धनवान लगता है

इन्हीं राहों से कितनी बार गुज़रे हैं मगर फिर भी
ये देखा भाला मंज़र आज क्यूँ अनजान लगता है

---

1 सरदार
2 सम्भावना

वफ़ा के ज़िक्र पर अब तक उसी का नाम लेता हूँ
वो जब भी मुझसे मिलता है बड़ा हैरान लगता है

उसे डर है कि मैं उसके सितम से टूट जाऊँगा
वो रस्म-ए-आशिक़ी में किस क़दर नादान लगता है

तुम्हारी राह को तकते ये सारी उम्र काटी है
तुम्हारा आ के जाना मौत का फ़रमान लगता है

तुम्हारा साथ न होता तो कब का मर गया होता
मैं ज़िन्दा हूँ जो अब तक आपका एहसान लगता है

मैं प्यास प्यास कहते हुए चश्म-ए-नम[1] गया
हैरत की बात ये थी कि दरिया भी थम गया

मंज़िल भी दूर दूर थी रस्ते भी लापता
मैख़ाना सामने था वहीं दो क़दम गया

सदमा यही है मुझको कि दिल मानता नहीं
था तो वो ख़ून बर्फ़ नहीं कैसे जम गया

तूफ़ान का था ये सजदा मिरे अज़्म[2] को सनम
उमड़ा था रंजिशों से मुझे देखा थम गया

तोहफे दिये हैं सारे रक़ीबों[3] को पर रफ़ीक़
मुझको तो सिर्फ़ दे के वो अपनी कसम गया

---

1 गीली आँखें
2 इरादा
3 दुश्मन

दोस्तों और दुश्मनों से कर लिया है फ़ासला
ज़िन्दगी में अब न हो बस आइनों से सामना

बात बिगड़ी बन भी जाती सोचना ये तुम कभी
क्यूँ हमारे दरमियाँ मौजूद था वो तीसरा

है दिखाता और कुछ पर असलियत कुछ और है
आदमी अन्दर ही अन्दर हो चुका है खोखला

ज़िन्दगी की दौड़ में वो आज ख़ुद मशगूल हैं
जो सुनाते थे सभी को ज़िन्दगी का फ़लसफ़ा

साथ दुश्मन के चले हम पर निशाना बाँध कर
ख़ुद को कहते थे अभी तक जो हमारा रहनुमा

इस क़दर मायूस उन से हो चुके हैं क्या कहें
थे कभी मर्क़ज[1] हमारे रह गये हैं हाशिया[2]

साथ उसका मिल गया तो क्या क़यामत है रफ़ीक़
मंज़िलें ख़ुद झूम कर अब रोकती हैं रास्ता

---

1 केन्द्रीय भाग
2 पृष्ठ के कोने में खाली जगह

रोज़ दर रोज़ बनाता है बहाना कैसे
आज मालूम करें उसका इरादा कैसे

रीज़ा रीज़ा[1] ही हुए आज तलक बरसों से
ख़्वाब आँखों में नया फिर से सजाता कैसे

असलियत हम को है मालूम मगर देखें तो
कल जो गर्जा था वही आज बरसता कैसे

इल्तिजा है कि मिरे यार बता दे मुझको
रस्म-ए-उल्फत मैं अकेला ही निभाता कैसे

ज़िन्दगी आज खिली है मिरे चेहरे पर
मौत इनकार करे है कि जनाज़ा कैसे

1 तार-तार

निगाहों में नहीं मंज़िल मुसाफ़त फिर भी जारी है
न जाने क्या नशा है ये न जाने क्या खुमारी है

अमावस के अँधेरे हो चुके हैं हमकदम मेरे
मगर इस तीरगी पर तो अभी उम्मीद तारी है

मुहब्बत कर के ये जाना तिलस्मी शै है ये कोई
नशीला दर्द है इसमें ग़ज़ब की आबशारी[1] है

परिंदो धूप में उड़ना भले मुश्किल तो है लेकिन
ज़रा समझो शजर की छाँव में बैठा शिकारी है

गले तुमको लगाया और किया तुमने दगा हमसे
कि विरसा इश्क़ है अपना विरासत क्या तुम्हारी है

कभी मन्दिर कभी मस्जिद मगर बेचैन है फिर भी
परीशाँ आज फिर हो कर नज़र माँ ने उतारी है

करें क्यूँ फिक्र हम कोई जो होना है सो होना है
ये सारा खेल है उसका अकेला वो मदारी है

---

1 आँसू

अन्दर अन्दर टूटा हूँ
तेरे आँगन बिखरा हूँ

सबसे ग़ाफिल हो कर भी
तुझ में शामिल रहता हूँ

जब से तेरा साथ नहीं
उस दिन से ही आधा हूँ

इश्क़ इसी को कहते हैं
जीती बाज़ी हारा हूँ

सारी दुनिया कहती है
तेरे जैसा दिखता हूँ

मैं तो डूब नहीं सकता
माँ की आँख का तारा हूँ

देख के नफ़रत की दुनिया
उलटी गिनती गिनता हूँ

मैं इतना आसान हुआ
मुश्किल राहें चुनता हूँ

सच की बातें करता हूँ
सच कहने से डरता हूँ

साँस लेने को ज़िन्दगी न कहो
साँस रुकने को ख़ुदकुशी न कहो

ग़म के सागर को पार कर तो लिया
मेरे पीने को मैकशी न कहो

दिल में उनके भी झाँकना था कभी
हर मुसाफ़िर को अजनबी न कहो

जो भी कहना है साफ़ कह डालो
बात ऐसी बुझी बुझी न कहो

सर पटकती है मौज साहिल पर
ये मुहब्बत है सरकशी[1] न कहो

1 विद्रोह

खुश लिबासी[1] का शौक़ कब था उसे
सादगी है ये मुफ़लिसी न कहो

ग़म जुदाई का जान ले लेगा
बात ये मुझ से फिर कभी न कहो

---

1 अच्छे कपड़े पहनना

ख़्वाब टूटे हैं सलोने अपने-अपने घर चलें
अपने-अपने ग़म समोने, अपने-अपने घर चलें

अपने दिल का हाल दुनिया को बताएँ किसलिए
सब ने हैं नश्तर चुभोने, अपने-अपने घर चलें

सब खज़ाने लुट चुके दरिया के अब तो बस हमें
अश्क़ मोती हैं सँजोने, अपने-अपने घर चलें

एक पल की नींद भी आती नहीं इस शोर में
आओ गहरी नींद सोने, अपने-अपने घर चलें

दूसरों के दुःख समेटे डूबते सूरज तलक
रात में दामन भिगोने, अपने-अपने घर चलें

सारे तूफ़ाँ पार कर के लौट तो आये मगर
आओ अब साहिल को रोने अपने अपने घर चलें

सारी दुनिया देख कर अब दिल ये कहता है रफ़ीक़
ख़ुद को फिर अपने से ख़ोने अपने-अपने घर चलें

छोड़ कर अपना वतन हम क्यूँ मुहाजिर[1] हो गये
मंज़िलों की चाह में बस इक मुसाफ़िर हो गये

थी नयी पहचान जब मुझ में हुनर आये नज़र
वक़्त की रफ्तार में सब ऐब ज़ाहिर हो गये

सीधी सच्ची बात हम इक उम्र तक करते रहे
तेरी सोहबत[2] का असर है थोड़े माहिर हो गये

जब से तनहा हो गये तो नींद भी आती नहीं
इश्क़ में तेरे सनम हम देख साहिर[3] हो गये

ख़्वाब बरसों साथ तेरे देखते थे हम रफ़ीक़
दूर कितने अब नज़र से सब मनाज़िर[4] हो गये

---

1 दूसरे देश में रहने वाला
2 संगत
3 रातों को जागने वाला
4 नज़ारे

डूबने दिया होता ये कोई किनारा है
ये न कुछ तुम्हारा है, और न ये हमारा है

उम्र जो गुज़ारी है तुम को नज़्म करने में
तुम बिना हर इक मिसरा आज तक कँवारा है

मैकशी का आलम तब, अब नसीब का रोना
तब तुम्हें बुलाया था आज भी पुकारा है

इन्तिज़ार कर कर जब ख़ाक हो चुके हैं हम
हाथ क्या बढ़ाते हो बेसबब सहारा है

ख़ुद ज़रा तपिश से भी ज़ार ज़ार होते हो
लोग वो भी हैं जिनके हाथ में शरारा है

रात के अँधेरों से अब रफ़ीक़ क्या डरना
अब तो मेरे पहलू में चाँद और सितारा है

बात सच्ची हमेशा छुपाई गयी
हर कहानी बदल कर सुनायी गयी

मैं ख़रीदा गया और बेचा गया
मेरी क़ीमत घटाई बढ़ाई गयी

जो मुहब्बत का पैग़ाम देता रहा
आग उसके ही घर में लगाई गयी

मेरे मरने का का उनको कहाँ था यक़ीं
लाश भी कब्र से ख़ोद लायी गयी

तुम निगाहें मिला कर बताओ ज़रा
ये जो दौलत है कैसे कमाई गयी

कुछ इरादा नहीं नेक तेरा रफ़ीक़
जो न बिगड़ी थी वो क्यूँ बनायी गयी

हैं सभी ख़ामोश लेकिन शोर करते हैं बहुत
दिल नहीं मिलते यहाँ बस लोग मिलते हैं बहुत

फ़ासलों को गर मिटाना है तो मैख़ाने चलो
होश में माज़ी[1] के सबको नाग डसते हैं बहुत

है अँधेरा बस्तियों में सारी काली रात है
और महलों के दरीचे[2] भी दमकते हैं बहुत

इक डगर पर ही चलूँगा ये कभी मत सोचना
अब सफ़र को तेरे जैसे और रस्ते हैं बहुत

ऐ समन्दर याद रखना हम वही तैराक हैं
जिनके क़दमों से किनारे भी लिपटते हैं बहुत

चन्द्रमा पूनम का चमके या न चमके अब रफ़ीक़
तेरी राहों में सितारे अब चमकते हैं बहुत

---

1 बीता समय
2 खिड़कियाँ

ज़रूर कुछ तो हुआ कहीं है
झुका है बादल उठी ज़मीं है

ए चारागर[1] है इलाज आधा
दवा हुई पर दुआ नहीं है

अब और हिजरत[2] नहीं करूँगा
वजूद मेरा यहीं कहीं है

मिरा ख़ुदा है मिरे ही भीतर
तिरा ख़ुदा क्या फ़लकनशीं[3] है

बदल चुका है मिज़ाज-ए-दुनिया
रफ़ीक़ भी अब तमाशबीं है

---

1 उपचार करने वाला
2 देश-त्याग
3 आसमाँ में रहने वाला

मंज़िलें गुज़र गयीं ध्यान हमसफ़र में था
हमसफ़र हसीन था क्या मज़ा सफ़र में था

मै जो पी के सो गये सुबह तुम को देखना
इक नशा था रात में इक नशा सहर में था

फिर तलाश ज़िन्दगी कर रही नया सफ़र
घर का कुछ पता नहीं वो तो बस डगर में था

रात रात करवटें रतजगों में सोचना
कल तलक था ख़्वाब में आज वो नज़र में था

सरहदों पे ज़िन्दगी दुश्मनों की सोहबतें
लब पे नाम मुल्क का शोला दिल जिगर में था

कशमकश में जी लिया सोच सोच मर गये
रोज़ रोज़ काफ़िला इक नए भँवर में था

ज़िन्दगी में कोई उमंग तो हो
इस लहू में ज़रा तरंग तो हो

डोर ही रह गयी है हाथों में
आसमाँ पर कोई पतंग तो हो

मैं भी उसका मुरीद हो जाता
मेरे जैसा कोई मलंग तो हो

सैर-ए-गुलशन को मैं निकल जाऊँ
एक माशूक मेरे संग तो हो

क्यूँ मसीहा तलाश करते है
कुछ मरीज़ों का रंग ढंग तो हो

हर गली में रफ़ीक़ पहरे हैं
अब मिलन के लिए सुरंग तो हो

कुछ मुक़द्दर तो कुछ हुनर भी है
ज़िन्दगी रात भी सहर भी है

रात दिन तो भले ही कट जायें
सामने मेरे दोपहर भी है

मैं हूँ जो बादलों में रहता हूँ
काश पूछो कि मेरा घर भी है

इस कदर मुख़्तसर[1] लगी अब तक
ये कहानी तवील[2]-तर भी है

वैसे मंज़िल करीब है लेकिन
फिर भी दरपेश इक सफ़र भी है

---

1 छोटा
2 लम्बी

याद उसकी अक्स बनकर आइनों में आ गयी
दिल से क्या निकली सिमट कर धड़कनों में आ गयी

उम्र भर दिल में दबा रक्खी थीं सारी रंजिशें
अब हमारी बेज़ुबानी सुर्ख़ियों में आ गयी

हमने जिस के नाम पर लिक्खी थी वो तो चल दिये
जाने कैसे वो ग़ज़ल अब महफिलों में आ गयी

हम कभी पीते थे उस शीरी दहन[1] के रूबरू
अब शराब-ए-ज़ीस्त[2] मेरी तल्ख़ियों[3] में आ गयी

बुत परस्ती पर मिरी जो ताना ज़न[4] थी अब वही
बन के देवी ख़ुद-ब-ख़ुद वो मन्दिरों में आ गयी

---

1 सुन्दर मुख
2 शराब पीने का जीवन
3 कड़वापन/चिड़चिड़ाहट
4 ताना देने वाला

नज़्में

दूसरा जाम

हर घड़ी तुम जो महकते हो मेरी यादों में
हर घड़ी तुम जो दहकते हो मेरी साँसों में
मेरे जज़्बात में तुम ऐसे उभर आते हो
दूसरे जाम पे तुम याद बहुत आते हो

ज़िन्दगी रास न आयी थी कभी भी मुझको
बे दिली ग़म से नहीं और न ख़ुशी थी मुझको
इक तमन्ना सि मिरे दिल में जगा जाते हो
दूसरे जाम पे तुम याद बहुत आते हो

आज फिर से मैं ज़माने से लड़ा हूँ जानम
कुछ थकन दूर करे जाम ये पहला जानम
एक लम्हे के लिए चैन सुकूँ हो जानम
दूसरे जाम पे तुम याद बहुत आते हो

अब तसव्वुर भी इबादत-सा बना जाता है
याद तेरी में नहीं अब हो ख़लल कोई
है ज़माने की नज़र जाम ये पहला जानम
दूसरे जाम पे तुम याद बहुत आते हो

वक़्त-ए-रुख़सत भी रहे तो मिरी आँखों के करीब
मेरी बे-कै़फ़ सी ढलती हुई शामों के करीब
जाते-जाते भी मिरी साँस लिए जाते हो
दूसरे जाम पे तुम याद बहुत आते हो

चलो इक बार

"चलो इक बार फ़िर से अजनबी बन जायें हम दोनों"
ये नग़मा जब भी सुनता हूँ
यही कहता है मेरा दिल
यही आवाज़ उठती है
हमारे दरमियाँ लेकिन
ये मुमकिन हो नहीं सकता

बसे हो मुझ में तुम ऐसे
तुम्हारी आदतें सारी
मुझे मालूम हैं जानम
वो बातें कौन-सी हैं जो
सताती हैं तुम्हें हर दम

तुम्हारी ज़ुल्फ़ का हर ख़म
बयाँ करता तुम्हारा मन
ख़ुशी लिपटी दुप्पटे से
उभरती साँस है दरपन
मुझे ये सब बताते हैं

पहाड़ों पर है कब जाना
या गुलमोहर तले बैठें
करें कब सैर वादी की
या घंटों अब रहें गुमसुम

कहाँ पर चाय है पीनी
कहाँ से सूट है लेना
जनमदिन पर है क्या करना
कहाँ कीमत है बे-मानी
कहाँ पैसे बचायें हम

गुज़रते वक़्त की आहट
बताती है कहाँ हो तुम
नहीं रिश्ता ये जिस्मानी
ये साँसें भी तो साझी हैं
बसा इक दूसरे में मन

ग़ज़ल कहने को जब बैठूँ
अकेला छोड़ देती हो
ग़ैज़ल जब हो मुक्कमल तब
मिरे पहलू में आकर तुम
कहा हर शेर सुनती हो

अजब रिश्ता मुहब्बत का
जिसे जीते हैं हम और तुम
हमारी साँस है सरगम
तुम्हीं बतला दो अब मुझको
बनें फिर अजनबी कैसे

ख़त लिखना भूल गये

पागल भीड़ के शहरों में
शाम सुबह के झगड़ों में
कुछ ग़ैरों कुछ अपनों में
गुम हो अपने सपनों में
हम ख़त लिखना भूल गये

रोटी कपड़ा पैसों में
घर दफ़्तर के कमरों में
कुछ बनने की चाहों में
अपनी अपनी राहों में
हम ख़त लिखना भूल गये

जब तक हम ख़त लिखते थे
दिल की बातें होती थीं
अब तो परदा दारी है
रिश्तों में बेज़ारी है
हम ख़त लिखना भूल गये

उम्मीद

ज़िन्दगी रवानी है
आँख आँख पानी है
मौत की जवानी है
आइये सुनाता हूँ
ये मिरी कहानी है

जंगलों की बस्ती में
एक हू का आलम है
मैं बड़ा अकेला हूँ
पेड़ पेड़ हँसता हूँ
फ़ूल फ़ूल रोता हूँ

दिल उदास रहता है
रात डसती रहती है
नींद भी नहीं आती
ख़ामुशी के चंगुल में
साँस फ़ूल जाती है

गुमशुदा ख़्यालों में
झूठ की पनाहों में
सच का आशियाँ है अब
आज सब दिखावा है
आज सब छलावा है

चाँद होश में आया
और मुझे से कहता है
कैसे आदमी हो तुम
हर अज़ीज़-ए-दिल तुमको
दर्द-ए-दिल ही देता है

जान भी निकलती है
रूह भी मचलती है
दिल ये फिर भी कहता है
कल वो मोजिज़ा होगा
फिर बहार आयेगी

शाम महफ़िलें होंगी
और ग़ज़ल भी महकेगी
नज़्म कर ख़्यालों को
सब पुराने यारों को
फिर से हम मनायेंगे

सुबह जब वो आयेगी
ग़फ़तगू के आँगन में
दोस्त मिल के बैठेंगे
बात कुछ सुनेंगे और
बात कुछ सुनायेंगे

फिर भुला के शिकवों को
यार ख़ुद भी रोयेंगे
और हमें रूलायेंगे
आँख के सभी मोती
सूख़ सूख़ जायेंगे

सहर

ज़िन्दगी की शाम थी
हर ख़ुशी तमाम थी
देखते ही देखते
उम्र भी गुज़र गयी
रेत भी जो हाथ से
जाने कब फ़िसल गयी

उँगलियों के बीच में
रेत जो चिपक गयी
हाथ झाड़ने को था
क्या वो मोजिज़ा हुआ
रेत वो चमक उठी
रौशनी बिख़र गयी

इक अजीब कशमकश
कुछ समझ सका नहीं
शाम बाद रात का
मुझ को इन्तिज़ार था

शाम बाद आज तो
ज़िन्दगी सहर हुई

ये सहर थी इश्क़ की
आज जो मिला मुझे
शुक्रिया मिरे ख़ुदा
ज़िन्दगी की शाम में
सच्चा इश्क मिल गया

शाम ख़्वाब देख लें
रात ख़्वाब ज़िन्दगी
सुबह जब भी आये तो
आँख मूँद हम रहें
ये सहर कमाल है
ज़िंदगी सहर हुई

एक प्याली चाय

बस एक प्याली चाय बनाना कितना मुश्किल है
जिस पल जीना उस पल मरना कितना मुश्किल है

जब तक दो थीं कैसे प्याली खन खन करती थीं
जीवन के सुख दुख की बातें इन में छनती थीं
मीठी शक्कर तीखी अदरक घुल मिल रहती थीं
ऐसा संगम आधा करना कितना मुश्किल है
बस एक प्याली चाय बनाना कितना मुश्किल है

एक अकेला तीन ज़ियादा दो का जोड़ा था
रुख़ हवा का दोनों ने मिल जुल कर मोड़ा था
सपने में भी इक दूजे का साथ न छोड़ा था
मुझको तन्हा छोड़ गया वो कितना संग दिल था
बस एक प्याली चाय बनाना कितना मुश्किल है

आज अकेला हो कर भी प्याली दो ही बनाता हूँ
एक बहाने गुज़री यादें फिर जी जाता हूँ
शाम सवेरा दोनों उसके साथ बिताता हूँ
साग़र को गागर में भरना कितना मुश्किल है
बस एक प्याली चाय बनाना कितना मुश्किल है

फ़रेब

ग़म छुपा छुपा कर सब
हो गयें हैं माहिर अब
और अब ये आलम है
है निढाल जिस्म-ओ-जाँ
नीम बाज़ आँखों से
फिर भी मुस्कुराते हैं
सारे ग़म छुपाते हैं
ग़म ज़दा है हर कोई
फिर भी मुस्कुराते हैं
और इसी ख़लिश में हम
ज़िंदगी बिताते हैं
ग़म छुपा छुपा कर सब
हो गये हैं माहिर अब

शिकायत

सभी रिश्ते जिये हैं जो
सभी का हाल है ऐसा
भले हो ख़ून का रिश्ता
या फिर एहबाब हों मेरे
रवायत का कोई बंधन
है शामिल इश्क़ भी इस में

सभी ने आज़माया है
कभी एसे कभी वैसे
कभी ख़ामोश रह कर और
कभी बे-वजह तानों से
मिरा दिल भी दुखाया है
बताया ये गया मुझ को
जताया भी गया हर पल
मैं पुतला हूँ गुनाहों का
ख़तायें सब की सब मेरी
वफ़ायें सब ने की मुझ से
मुझे सब प्यार करते हैं

मुझे इक डर सा लगता है
कि कब होगी ख़ता अगली
मिरी ये ज़िन्दगी सारी
मनाने में ही गुज़री है
कभी दिल मेरा कहता है
ये मुमकिन हो नहीं सकता
सभी रिश्तों में मैं ही मैं
ग़लत तो हो नहीं सकता
कहे है आज दिल मेरा
चलो इक रोज़ मैं भी तो
किसी को आज़माता हूँ
मगर ये जानता हूँ मैं
कि ऐसा हो नहीं सकता
शिकायत की जहाँ मैंने
वो रिश्ता टूट जायेगा।